高敏力

你對事物的敏感，正是與生俱來的超能力

SENSITIVE

THE HIDDEN POWER
of
the HIGHLY SENSITIVE PERSON
in a LOUD, FAST, TOO-MUCH WORLD

JENN GRANNEMAN —— 著 —— ANDRE SÓLO
珍妮・格蘭尼曼 安德烈・蘇洛
陳珮榆 譯

獻給　內心比外表柔軟的人

目錄

前言

故事從一個男孩和一個女孩開始。他們素未謀面，但兩人的故事開頭一樣。他們都來自中西部，父母都是藍領階層，家境並不富裕。他們的家人都不太理解他們。你看，他們和其他孩子不太一樣，這一點已經開始顯現出來。

有時候，這個男孩看起來很正常。他在幼兒園遵守規定，對老師很有禮貌，對其他孩子也很友善，但一到休息時間，卻變得畏縮。運動場上有些事物讓他難以承受。他沒有加入踢球、捉迷藏或攀爬架的行列，而是逃走了。他逃離了尖叫和笑聲，躲在他唯一能找到的地方：一個舊的水管裡。

起初，老師根本沒有注意到，因為他總是在休息時間結束後溜回去。但有一天，他帶了一顆球去，這樣就不會孤單了。在不同的情況下，這樣做可能很可愛，但球永遠不夠用，其他孩子看到他帶著球跑掉時就會抱怨。這時老師發現了他，大家開始擔心起來。他的父母不理解：你為什麼要躲在水管裡？你在那裡做什麼？他的回答是那裡很安靜，但這樣並沒有幫助。他們告訴他，無論周圍多麼嘈雜或過於刺激，他都需要學會和其他孩子一起玩。

反觀，那個女孩並沒有逃走。事實上，她似乎有解讀人心的本領。她成為她那群朋友的帶頭者，很容易察覺到每個孩子的想法，或者知道怎麼讓他們開心。很快，她率眾舉辦社區活動：遊戲和獎品應有盡有的親子嘉年華會，或者在萬聖節精心佈置鬼屋。這些活動需要花費幾個星期的時間，她在完善每個細節方面得心應手。然而，重要的日子來臨時，她不會站在活動的中心位置，也不會對著木偶劇場歡呼，或者在遊戲中奔跑。反而她一直待在角落。這裡有太多人，太多情緒，太多笑聲、吶喊聲、輸和贏的聲音。她自己策劃的嘉年華會讓她不知所措。

這不是她唯一一次感受到過多的刺激。她必須修改衣服，剪掉肩帶，避免布料摩擦她的皮膚（她媽媽回憶說，她還是嬰兒時，他們也曾經不得不剪掉連身衣的腳套）。暑假期間，她滿心期待去參加為期一週的夏令營，但後來她的媽媽不得不提前開車載她回家，因為她無法在擁擠的雙層床鋪入睡，更別說是待在一個充滿十幾位小女孩的情感糾紛和鉤心鬥角的空間了。這些反應讓人驚訝和失望，而他人的反應反過來又讓這位女孩感到驚訝和失望。對於她的父母來說，她的行為令人擔憂：萬一她無法適應現實世界怎麼辦？儘管如此，她的媽媽仍然盡力鼓勵她，她的爸爸則提醒她要把想法說出來，不要只在腦海中思考。但她有很多想法，思緒一大堆，能理解的人卻沒幾個。別人用很多詞語來形容她，有時甚至說她敏感，但這未必是好的特質，而是需要修正的特質。

沒有人說男孩是敏感。當他的閱讀和寫作能力超過該年級的水準時，確實有人稱呼他天才，他最後得到在學校圖書館度過午餐時間的許可——這使他得以擺脫校園餐廳的喧嘩，也不像待在水管裡那樣引起驚慌。但同齡人對他有不同的看法。他們稱他為怪咖。或者那個最糟糕的形容詞，孬種。他總是無法掩飾自己的情緒，有時會在學校哭泣，甚至看到別人受欺負也會崩潰，即使他不是受害者，這些行徑並沒有幫助他在同伴中得到理解。

然而，隨著年紀增長，他的特質越來越明顯。其他男孩不太尊重這個愛幻想、喜歡在森林裡漫步勝過足球比賽、喜歡寫小說勝過參加派對的孩子。他也沒有興趣博取他們的認可。這讓他付出了代價：在走廊遭人推擠，午餐時間被嘲笑，體育課彷彿行刑般。在外人看來他太過軟弱無能，結果有一位較年長的女孩成為他最大的霸凌者，用馬克筆在他的襯衫上面寫下猥褻的字句，並哈哈大笑。他不能向父母坦承這些事，尤其是他爸爸，因為爸爸曾經告訴他，對付霸凌者的方法就是揍對方的臉。但這個男孩從來沒有揍過任何人。

在各自的生活中，女孩和男孩都漸漸覺得世界上好像沒有其他人像他們這樣。兩人都在尋求出路。對於女孩來說，解決辦法是不再說話。上了高中，每一天都壓得她喘不過氣來，回到家時筋疲力盡，躲在自己的房間裡不與朋友來往。她經常請病假待在家，雖然她的父母可以理解，但她想知道他們是否擔心她。對於男孩來說，解決辦法是學會表現強硬。意思是他不去在乎任何人，彷彿他可以對付所有人。然而，這種態度就像一頂過大的軍帽，並不適合他。而且，這也沒有達到預期的效果：其他孩子不但沒有開始尊重他，反而完全避開他。

不久，這個男孩開始逃學，和一群嗑藥的藝術家廝混，這些人和他一樣感性，不會評判他看待世界的方式。那個女孩則在一個虐待性的教會得到了接納。教會成員向她保證，不會覺得她是怪咖。他們認為她有奇蹟的力量，甚至有特殊的使命，只要她按照他們說的去做。

沒有人告訴他們，你完全正常，你是敏感族群。如果你學會怎麼運用這項天賦，可以做出不可思議的事情。

遺失的人格特質

在日常用語中，**敏感**（sensitive）可以表示一個人**情緒強烈**（big emotions）——喜極而泣、充滿熱情，或因批評而畏縮。敏感也可以是**身體上的**——你可能對溫度、香氣或聲音非常敏感。越來越多的科學證據告訴我們，這兩種敏感是真實存在的，而且實際上是相同的。身體和情感的敏感性密切相關，所以研究顯示，如果你服用泰諾（Tylenol）鎮痛藥來減輕頭痛，在藥效消退之前，你在同理心測試中的得分會降低。

敏感性是一項重要的人類特質，與我們人類的一些優秀品格息息相關。但正如我們即將看到的，儘管在科學界已進行了深入的研究，但仍未得到大眾廣泛的理解。如今，由於技術的進步，科學家可以可靠地測試一個人的敏感程度。他們可以在功能性磁振造影儀（fMRI）的掃描中看出敏感族群的大腦差異，並且可以在科學研究中準確地辨識出敏感族群的行為，包括敏感帶來的強大優勢。然而，大多數人（也許是你的老闆、父母或配偶）不會這樣想，他們沒有把敏感性視為一個真實、可測量的人格特質。

更重要的一點，敏感性通常被視為缺點。我們不允許孩子這樣（「不要哭！」或「振作起來！」），我們也會把它當成武器來攻擊成年人（「你反應過度了」或「你太敏感了」）。我們希望這本書能夠改變這種狀況。我們憧憬未來**敏感**在我們日常交談中能夠成為常見的用語，這樣一個人在求職面試或首次約會時可以說出「我很敏感」，並且得到贊同的微笑。這是一個挑戰，但並非不可能。**內向**（Introverted）曾經也是負面的字眼，但今天這樣介紹自己已經不稀奇了。我們希望創造一個同樣適用於敏感性的世界。我們相信，讓這種強烈的人類素質正常化，最終將使敏感族群成長壯大——而當他們茁壯時，社會也得以從他們獨特的天賦中受益。

過去十年來，我們聽到許多關於敏感性的對話，當人們第一次真正了解敏感性是什麼時，他們會有一個頓悟的時刻。他們會對自己是誰、為什麼會做出某些事情有一個新的理解，或者他們終於以不同的方式理解自己的孩子、同事或配偶。因此，我們相信敏感性往往是遺失的人格特質。它遺失在我們的日常對話和社會意識中，遺失在我們的學校、工作場所、政治、機構、家庭和人際關係中。

這種遺失的認知很重要。它使敏感族群隱藏自己的真實面貌，就像我們故事中的男孩一樣，或者感覺格格不入，就像我們故事中的女孩一樣。也許你的生活中也遺失這種認知。如果是這樣，我們希望你能在本書中找到安慰，對自己有更深入的了解。

本書適合誰閱讀

這本書寫給三種類型的人。第一種類型是已經知道自己很敏感的讀者，甚至可能認為自己是**高度敏感的人**。如果你是這種類型，我們希望這本書的所有內容能夠對你有所幫助，並希望你可以從中學習新知。我們取材自許多學科的最新研究，提供你所需的工具，幫助你發揮自己巨大的天賦，並保護自己免受過度刺激。不僅如此，我們的目標是幫助你扭轉有關敏感性的對話，這是非常重要的工作。你將學會如何在這個時常感到壓迫的世界中茁壯成長、如何改變因為羞恥感而形成的思維模式，以及如何在需要時以領袖之姿挺身而出（即使你覺得自己不是）。最後，我們希望你能夠在這個日益喧囂和殘酷的世界裡，感到擁有力量，去為更美好、更敏感的時代發聲。

第二種類型是可能從未想過自己屬於敏感性，但現在開始疑惑的人。也許你一直知道自己的思考方式和對待情況的反應與別人不同。也許你內心有非常敏感的一面，只是不常表現出來。又或者，你可能只是開始在我們描述的內容中認識到自己的一部分。如果你是這種類型，我們希望我們的書能夠給你一些答案。你甚至可能會找到一種平靜感，因為得知其他人也經歷過與你類似的困難，你並不孤單。最後，承認自己是敏感族群可能會讓你感覺舒坦。對敏感族群來說，語言、名稱和標籤都有力量。通常，我們給某樣事物取名字時，有助於我們理解它，並以健康的方式接納和擁抱它。

第三種人是我們珍視的客人。從朋友、配偶、孩子或員工手中拿到這本書的讀者。如果你是這種類型，你生活中的某個人知道自己很敏感，並且希望你能夠理解他們。這是信任的象徵。這可能表示他們過去一直小心翼翼不敢流露自己的敏感性，擔心別人會把它視為弱點。或者這可能意味著他們很難用言語表達。不管怎樣，這個人可能希望你在閱讀時，能夠理解他們的經歷和需求，並且接受這些情緒是合理的。他們希望你能夠站在他們這一邊。

本書內含哪些內容

這本書的前半部分將讓你清楚了解敏感性的真正含義，以及敏感族群在世界上帶來的優勢。前半部分亦會幫助你看清楚哪些方面的敏感性與你有關，並自行判斷你是不是一個敏感的人。我們將深入探討敏感性背後的科學原理，以及所有敏感人士天生具備的五種強大天賦。我們也會關注這些天賦所帶來的代價——過度刺激——探討敏感族群如何克服這個代價並茁壯成長。最後，我們將重點闡述一個最容易被誤解的天賦，即同理心（empathy），以及如何將它從一個造成傷害的來源轉變成能改變世界的力量。

這本書的後半部分將深入具體細節：敏感族群在生活中到底如何茁壯成長，他們的需求與不太敏感的人有所不同？我們將探討敏感族群在愛情和友情中的表現，如何養育敏感的孩子，建立有意義的職業，以及敏感性領袖的強大特質，這些領袖通常是表現出色的領導者之一。最後，我們將描繪未來的景象：如何停止隱藏我們的敏感性，並開始珍視它。儘管生活在一個喧囂、快節奏且充斥太多事物的世界——這個世界變得越來越嚴苛和分裂——但我們相信，現在正是敏感族群的時代。事實上，面對我們世界上最大的挑戰，正是敏感族群發光發熱的最佳機會。我們相信，只要我們能夠認識到他們的優勢，他們將會成為我們這個時代最需要的領袖、治癒者和有遠見的人。

敏感即強大

正如我們故事中的男孩和女孩所發現的，這一切並不容易。成年後，他們都只找到了解決方案的一部分。男孩建立起一種獨立的生活方式，讓自己的思想自由遨遊，在墨西哥騎著自行車，在星空下睡覺寫書。這是一種有意義的生活方式，他不必擔心過度刺激。但他仍然否認自己是敏感族群，隱藏著自己豐沛的情感。

女孩很清楚自己是敏感族群，凡事讓內心引導一切，但她努力為自己營造一個適合的生活。她經歷了一連串的關係和職業，曾經希望這些能為她的生活帶來意義——新聞、行銷和教學——但每一次都讓她敏感的思維受到衝擊，然後她回到家感到一片茫然。她能感覺到自己又一次燃燒殆盡。

然後，他們相遇了。

一件有趣的事情發生了。女孩教會了男孩什麼是敏感，他終於不再隱藏自己的情感。男孩教會了女孩如何過上不同的生活，不再每分每秒都讓自己筋疲力盡。不久，他們攜手合作。他們開始共同工作，一起創立了一個網站，一點一滴，他們各自建立起幸福的敏感生活。

後來他們成為本書的作者。

那兩個小孩就是我們。珍妮離開了有害的教會，建立了一種以內在力量為主的生活，而不是從他人的認同中獲得力量。安德烈暫時放下了自行車（他堅持這只是暫時的），並學會以他敏感的思維為榮。然後，我們共同創建了全球最大的敏感族群網站「敏感族避風港」（**Sensitive Refuge**）。我們敏感，我們驕傲。

我們的故事只是敏感族群展現強大的眾多方式之一。每個敏感人士都可以選擇自己的路徑。但有一步是我們都必須邁出的，而且這是最難的一步：不再把敏感性視為缺陷，而是開始把它當作一份禮物。

第1章
敏感：是羞恥或優勢？

「我無法忍受混亂。我討厭嘈雜的環境。藝術讓我流淚。不，我沒瘋；我是典型的高敏感人。」

——安妮．瑪麗．克羅斯特威特（Anne Marie Crosthwaite）

那是一九〇三年。畢卡索（Picasso）在紅磨坊（Moulin Rouge）跳舞，徹夜不眠的俱樂部燈火通明，歐洲的城市轟隆隆地進入了嶄新時代。有軌電車載著通勤民眾穿梭在車水馬龍的街道，電報將遙遠的各地連接起來，突發新聞在幾分鐘之內傳遍歐洲大陸。科技也以迷人的方式進入人們的家中，留聲機可以點播音樂，為派對增添氛圍。這些歌曲可能是晚上在電影院的前奏，或者可能是為了掩蓋開挖街道以安裝現代下水道的聲音。連鄉村也熱鬧起來，農民們第一次使用機械化設備。生活正在變化，而且人們相信，進步是好事。

德國城市德勒斯登（Dresden）不願落人於後。該城市領導人想要展示他們的進步，並借鑒其他城市的成就。他們進行了投票，組織了委員會，宣布舉辦城市博覽會，同時還有一系列的公開講座。其中一位講者是早期社會學家格奧爾格・齊美爾（Georg Simmel）。雖然今天鮮少人知道這號人物，但在那個時代，齊美爾很有影響力。他是最早將科學方法應用於人類互動的人之一，其研究著作涵蓋了現代生活的各個方面，從金錢在人類幸福中的作用，到人們為什麼會調情。然而，如果市府官員期待他讚揚進步的美好，那麼他們就大錯特錯了。齊梅爾走上講台，立即拋開他所拿到的演講主題。他來這裡不是要談論現代生活的輝煌，而是來討論這些事物對人類靈魂的影響。

他認為，創新不僅帶給我們更多效率，也帶來一個讓人類耗費心神去適應現代生活的世界。他說在一個喧囂、節奏迅速、行程排滿的世界中，「外部和內部刺激」不斷湧現。他提出遠遠超前他那個時代的觀念，指出人的「精神能量」（mental energy）是有限的——現在我們知道這一點在某程度上是正確的——而高度刺激的環境會消耗更多。他解釋道，我們的心靈那一面，即與成就和工作相關的那一面，也許能夠跟上變化，但我們的靈性和情感那一面則完全耗盡。齊美爾的意思是，人類對於這樣的生活太敏感了。

齊美爾特別關心民眾如何應付。由於無法對每一條新資訊做出有意義的反應，受到過度刺激的市民很容易變得對任何事「無動於衷」（blasé），簡單來說，就是變得麻木不仁。人們學會了壓抑情感，對待彼此的方式更像是交易，不太關心別人。畢竟，他們不得不這麼做。每天聽到來自世界各地的可怕消息，像是佩利山（Mount Pelée）火山爆發，幾分鐘內奪走了二萬八千條性命，或者在非洲英國集中營的恐怖情況。與此同時，他們會不小心踩到無家可歸的人，對著擁擠電車中的陌生人視而不見。他們怎麼可能對每一位遇到的人給予同理心，甚至是簡單的認同呢？相反，迫於無奈，他們關上了自己的心門。耗費精力的外在世界吞噬了他們的內心世界，連帶也吞噬了他們對外溝通的能力。

齊美爾警告，生活在過度負荷的狀態下，我們將面臨個人特質「被削弱和淹沒」的風險。如你所料，他的話起初遭到冷嘲熱諷。但一經刊登，卻成了他討論度最高的文章。這篇文章迅速傳開，因為它道出了許多人的心聲：這個世界變得太快、太吵，太多。

那是一百二十多年前的事了，當時生活多半仍以馬車的速度前進。那是在網際網路、智慧型手機和社群媒體問世之前。如今，生活更加忙碌，我們長時間工作，照顧孩子或年邁的父母，幾乎沒有後援，只能在繁忙的差務之間將友情塞進文字短訊裡頭。難怪我們壓力大、筋疲力竭、焦慮不安。即使客觀來看，現在的世界比齊美爾那個時代更加過度刺激。根據一些估計，我們現在每天接觸到的資訊比文藝復興時期的人一生中所經歷的還多：截至二〇二〇年，我們每天產生二百五十京位元組的數據量。按照這種速度，人類歷史約有九成的資料是在過去五年內產生。理論上來說，這些數據的每一個小片段都是為了影響某個人的大腦而設計的。

然而，人類這種動物並不是為處理這種無限輸入而設計的。更確切來說，我們的大腦是一個敏感的儀器。研究這個儀器的研究人員現在一致同意，就像齊美爾所警告的，大腦只能處理有限的訊息。如果挑戰大腦的極限，無論個性怎樣或多有韌性，每個人最終都會超過負荷。人的反應會開始減緩，決定受到影響，然後變得憤怒或疲憊，如果繼續硬逼自己，就會筋疲力盡。這就是作為一個有智慧和有情感物種的現實：就像過度工作的引擎一樣，我們的大腦最終需要冷卻的時間。正如齊美爾所知，人類確實是一種敏感的生物。

然而，齊美爾不知道的是，並非每個人的敏感程度都一樣。實際上，有一群人在生理上和情感上比其他人更靈敏。這些人，也就是敏感族群，對於我們這個「太多」的世界有著更深刻的感受。

污名化的敏感

儘管你正在閱讀這本書，但也許你不想被稱為敏感，更別說是**高度**敏感了。對許多人來說，「**敏感**」是貶義詞。它聽起來像是一個弱點，一種有內疚感的坦承，或者更糟的是，一種侮辱。在常見的用法中，「**敏感**」有許多含義，而其中大多數都帶有羞愧的色彩：

- 當我們說某人敏感時，真正的意思是他們不能接受開玩笑，容易生氣，動不動就哭，情感上太容易受傷，或者無法處理回饋意見或批評。
- 當我們說自己敏感時，通常是指我們有反應過度的習慣。
- 敏感常與柔弱和女性氣質連結在一起；一般來說，男性尤其不想被視為敏感的人。
- 敏感的話題是指可能冒犯、傷害、激怒或使聽眾尷尬的話題。
- 同樣地，「**敏感**」一詞通常會和加強語氣的詞語合用：不要**太**敏感；你為什麼**這麼**敏感？

按照這些定義來看，可以理解為什麼別人說你敏感會讓你不悅了。舉例來說，我們在寫這本書的時候，會有好奇的家人朋友詢問這本書是關於什麼內容。「高度敏感族群，」我們這樣回答。偶爾，有些人聽了很興奮，因為他們知道這個術語是什麼意思。「那就是我！」他們會熱情地告訴我們。「你們寫的對象就是我。」但絕大多數情況下，別人對於我們探討的內容有所誤解，他們對敏感性的錯誤理解變得很明顯。有些人認為我們在寫一本關於社會如何變得過於政治正確的書籍。還有人以為我們是在建議如何不那麼容易受到傷害（「**玻璃心**」這個詞出現過不下一次）。

還有一次，我們請了一位作家朋友試閱本書的初稿，並給予我們回饋意見。在閱讀時，她意識到自己是一位敏感的人，而且她正在交往的男性也符合敏感的描述。對她來說，這個啟發是非常確定。然而，當她與男友提起這個話題時，男友卻變得有些防禦。「如果有人說我敏感，」他反駁道：「我會很生氣。」

因此，作為人類性格的一項特質，敏感已經獲得了一個差勁的名聲：它被錯誤地與軟弱聯想在一起，被視為一個必須修正的缺陷。只要在Google中輸入「**敏感**」一詞，你就會明白我們的意思：截至二〇二一年十二月，排名前三的相關搜尋結果是「疑神疑鬼」、「尷尬」和「自卑」。或者，輸入短語「我太敏感」，你會找到標題為「我太敏感了，怎麼變得堅強？」和「如何不再那麼敏感？」的文章。由於對敏感的誤解，甚至敏感族群自己也內化出一種對自己性格特質的羞愧感。多年來，我們經營了一個專門給敏感族群的網路社群，名為「敏感族避風港」。雖然關於這個主題的意識日益增加，但讀者仍然經常問我們：「我怎樣才能不再那麼敏感？」

當然，答案並**不是**停止敏感——因為，實際上，這些基於羞愧感的定義根本不是敏感的真正含意。

敏感的真正涵義是什麼

一切源於對嬰兒的一個簡單觀察：有些嬰兒會對新的景象和氣味感到不安，有些嬰兒則是不為所動。在一九八〇年代，心理學家傑羅姆．凱根（Jerome Kagan）和他的團隊在實驗室裡對大約五百名嬰兒進行了一系列的測試。他們在嬰兒面前搖晃小熊維尼吊飾，將蘸有稀釋酒精的棉花棒湊近嬰兒鼻子，還在螢幕上投影出一張臉，看起來似乎用一種詭異的合成聲音來說話。有些嬰兒幾乎沒有任何反應，在整整四十五分鐘的測試過程中都維持平靜。有些嬰兒則是不斷移動，踢腿、打滾、拱背，甚至哭泣。凱根將這些嬰兒歸類為「高反應性」（high reactive），其他嬰兒則歸類為「低反應性」（low reactive），或者介於中間。高反應嬰兒似乎對環境更敏感，這個特質可能打從出生就存在。但這種氣質是否會伴隨他們一生呢？

如今，我們知道這種氣質確實會延續到成年後。凱根和他的同事追蹤觀察了許多嬰兒直到他們成年。這些高反應嬰兒現在已經三、四十歲，成為高反應性的成年人。他們的反應仍然很大——他們坦言在人群中會感到緊張，過分思考，擔憂未來。但他們也努力工作，在許多方面表現出色。大多數人在學校成績優異，建立了成功的職業生涯，也與其他人一樣輕鬆地結交朋友；許多人都過得很好。而且許多人描述他們在保有敏感性的同時，如何在生活中建立信心和平靜。

雖然凱根將這種氣質與恐懼和擔憂聯想在一起，並將其與杏仁核（大腦的「恐懼中心」）相連結，但今天我們知道，實際上這是一種健康的特質。許多研究人員已經證實這項發現，其中以伊蓮・艾倫（Elaine Aron）最為著名，她可以說是高敏感研究領域的奠基者。（事實上，凱根在一些高反應兒童身上觀察到的恐懼感在成年後大部分都消失了。）如今，凱根所研究的同一特質有許多名稱：高度敏感族群（Highly Sensitive People, HSPs）、感官處理靈敏度（sensory processing sensitivity）、生物對情境敏感性（biological sensitivity to context）、差異易感性（differential susceptibility），甚至可以用「蘭花和蒲公英」來比喻，其中敏感的人被比喻成蘭花。不過，這些名詞背後的專家都同意，它們都是指同一種特質。近來，人們開始努力將這些理論整合起來，使用一個統稱：**環境敏感性**（**environmental sensitivity**）。我們參考這些研究人員的見解，將這種特質稱為環境敏感性，或簡稱為敏感性。

無論你如何稱呼它，敏感性的定義是指深刻地感知、處理和回應自身環境的能力。這種能力在兩個層面上發揮作用：（一）感知來自感官的訊息，（二）深度處理這些訊息，或發現這些訊息與其他記憶、知識或想法之間的許多關聯性。敏感族群在這兩個層面都表現得更好。他們自然地從自身環境中獲取更多訊息，更深入地處理這些訊息，最後受到環境的影響也更深。許多這種深度處理大部分是在無意識中完成的，許多敏感人士甚至沒有意識到自己這樣做。這個過程適用於敏感的人所接收的一切。

然而，我們喜歡更簡單的定義：如果你很敏感，那麼所有事情都會對你產生更大的影響，但你也會更充分地利用這些。

實際上，更適合**敏感**的詞語可能是**反應靈敏**。如果你是敏感人士，你的身體和心靈會對周圍的世界產生更多的反應。你會對心碎、痛苦和失落有更多的反應，但你也會對美麗、新想法和喜悅有更多的反應。別人只是淺嘗輒止時，你卻深入探究。當別人已經放棄並轉向其他事物時，你仍然持續思考。

不僅是藝術家和天才

所以，敏感是生命中正常的部分。所有人類，甚至包括動物在內，都會在某種程度上對周遭環境很敏感。我們都會有哭泣的時候、感情受傷的時候、面對壓力情事感到不知所措的時候；我們也都會有深刻思考的時候、對美麗驚嘆的時候、深入研究讓我們著迷的主題的時候。但是，有些人對周圍環境和經歷的反應比其他人更加強烈。這些人就是高度敏感族群。

就像其他特質一樣，敏感性也是一個連續的範圍（continuum），每個人都在其中某個位置，從低敏感性到普通再到高敏感性。這三種類型都被視為正常且健康的特質。而且，敏感族群並不孤單：最新研究顯示，高度敏感者約占總人口的百分之三十。（另有百分之三十的人屬於低敏感性，剩下的百分之四十則介於中間。）換句話說，敏感並不是天才和藝術家才會有的罕見特質。在每個城市、工作場所和校園中，大約每三個人就有一個人屬於敏感族群。敏感性在男性和女性之間也同樣普遍。人們或許會要求男性不要太敏感，但這並不能改變他們本來就是敏感的事實。

聽聽他們怎麼：敏感對你意味什麼？

「我是敏感人士，而且過去大半人生都以為自己有缺陷，因為我認識的人當中，沒有人像我這樣。現在我把我的敏感視為一種祝福。我擁有非常豐富和富有想像力的內在生活。我從不覺得無聊。我為一些生活流於表面的朋友感到遺憾，他們從未體驗過對大自然、藝術和宇宙壯麗輝煌的深刻、內在共鳴。他們不去探究關於生死的重大問題，只談論在電視上看了什麼，或者下個星期日要去哪裡。」

——莎莉（Sally）

「對於某些人來說，**敏感**這個詞可能意味著多愁善感或脆弱。但是，能夠在情感上了解別人的感受和你自己的感受，其實是極有價值的優點。我將敏感視為一種尊重和善待自己與他人的方式。這是特別且重要的體悟，並非每個人都能擁有。」

——陶德（Todd）

「作為一名男性，有害的男子氣概意味著，被貼上敏感的標籤就像被貼上娘娘腔、情緒化或易怒的標籤一樣。但實際上，我並沒有這些特質。我對自己本身和感受相當敏銳，我知道那些標籤都不是真的，但又不知道怎麼歸類，直到我偶然閱讀到一些關於高敏族（高度敏感族群）的文獻。」

——戴夫（Dave）

「我過去總是認為**敏感**這個詞是負面的，因為我爸爸經常跟我說，『你太敏感了。』現在我以不同的角度看待這個詞。我對於自己的敏感感到開心，而且我現在知道，在這個可能顯得冷漠無情的世界中，敏感是一件正面的事。總之，如果可以，我不會放棄我的敏感特質。我喜歡自己能夠如此深入地欣賞周圍的一切。」

——芮妮（Renee）

「我以前認為敏感是種弱點，因為我的原生家庭和前夫經常告訴我，我需要長大，或者不要太在意別人的話，說我反應過度。我經常因此受到貶低。但是現在他們已經不在我生活中了，我把它當作一種優勢，又回到研究所攻讀第二個碩士學位，準備轉行成為治療師。現在，我將運用我的敏感性來幫助他人。」

——珍妮（Jeannie）

你是一位敏感的人嗎？

也許你在晚宴上比別人更早嚐出白酒夏多內中的橡木味。也許貝多芬的第九交響曲會讓你深深陶醉其中，或者你會在觀看寵物營救影片時淚流滿面。又或者，附近有人不停地敲擊鍵盤的聲音讓你無法集中注意力。這些都可能是敏感性增強的跡象，我們當中的許多人可能比我們意識到的更敏感。

因此，這裡有一份清單，列出了敏感族群最常見的特質。你勾選的方塊越多，你的敏感性就越高。你不需要每個方塊都勾選，或者與本書中每個要點都有關聯，才算是敏感族群。別忘了，敏感性是一個連續的範圍，每個人都會在其中的某個位置。

同時，請牢記這一點，你的生活經驗將影響你的敏感性表現方式。例如，如果你從小就被教導設定健康的人際界限，你可能不會像某些敏感族群那樣苦於討好別人或避免衝突。你個性的其他面向也會影響你與下列敘述的關聯程度。例如，如果你認為自己比較像是外向型的人而不是內向型的人，那麼你需要的休息時間可能比內向型敏感族群更少。

對你而言，下列哪些敘述較為適切？

□一般來說，你傾向在採取行動前暫停一下，給大腦足夠的時間來思考。

□你會注意到微妙的細節，比如畫作上筆觸之間的細微差異，或同事臉上一閃而過的微表情。

□你有強烈的情感，難以擺脫憤怒或擔憂等激動的情緒。

□你擁有很強的同理心能力，即使是對陌生人或只在新聞中聽說過的人也能感同身受，容易設身處地站在別人的立場思考。

□別人的情緒確實會影響到你。你容易吸收他人的情緒，將別人的感受當作自己的感受。

□在吵雜、繁忙的環境中，像是擁擠的購物中心、音樂會或餐廳，你會感到緊張和疲憊。

□為了保持精力充沛，你需要充足的休息時間。你經常發現自己一人獨處時，可以讓感官平靜下來，整理自己的思緒。

□你善於洞察人心，能以令人驚訝的準確度推斷出他們的想法或感受。

□你難以觀看暴力或恐怖電影，也難以目睹任何虐待動物或人類的殘忍行為。

□你討厭匆忙的感覺，喜歡謹慎行事。

□你是一個完美主義者。

□你在壓力下難以發揮最佳表現，比如上司在評估你的工作或你在參加比賽時。
□有時周遭環境是你的敵人，椅背太硬、燈光過亮和音樂太大聲，都會讓你感覺無法放鬆或集中注意力。
□你容易被突如其來的聲響嚇到，比如有人悄悄接近時。
□你是探索者。你會深入思考生活的意義，追問為什麼事情會是這樣。你可能總是納悶，為什麼其他人不像你一樣著迷於人性和宇宙的奧秘。
□衣服對你來說很重要，粗糙的布料或緊身的衣物，比如腰帶過緊的褲子，可能會打亂你的一天。
□你的疼痛耐受力似乎比其他人低。
□你的內心世界豐富且活躍，別人形容你充滿想像力和創造力。
□你有生動的夢境（和惡夢）。
□你似乎比其他人更難適應變化。
□有人說過你害羞、挑剔、緊張、戲劇性、過於敏感或難伺候。
□也有人說過你認真負責、深思熟慮、睿智、洞察力、熱情或敏銳。
□你善於讀空氣，觀察場合氣氛。

□你對於飲食和血糖的變化很敏感。如果有一段時間沒吃東西，你可能會「餓到生氣」（hangry，hungry + angry）。

□對你來說，少量的咖啡因或酒精就足夠了。

□你容易流淚。

□你渴望人際關係和諧，所以衝突可能讓你非常痛苦，甚至感到身體不適。因此，你可能會討好別人或竭盡全力避免爭執。

□你在關係中渴望深刻的連結和強烈的情感體驗。單純的交流或表面的聯繫對你來說不夠。

□你的大腦動得很快。因此，你經常感覺與別人不協調，這種感覺可能會非常孤獨。

□言語對你非常重要。你無法輕易忽略傷人或批評的話語。

□你會自我反思，很了解自己的優點和缺點。

□藝術和美麗會讓你深受感動，無論是一首歌、一幅畫，還是陽光灑在秋葉上的樣子。

或者，考慮以下這個簡易的自我評估，想想看什麼事情對你來說很容易，什麼事情對你來說有挑戰性。如果你對其中大多數敘述都有共鳴，那麼你很可能是一位敏感的人。

對我來說很容易做到的是……	對我來說很有挑戰性的是……
• 看出別人的心情和意圖 • 從事慢工出細活的工作，追求高標準 • 注意到別人忽略的細節 • 找尋對整體有益的全方位解決方案 • 在日常生活中找到美麗與意義 • 創作藝術、發揮創意，或提供獨特見解 • 同情他人，尤其是他們受到傷害時	• 處理他人的強烈情緒，尤其是憤怒、壓迫或失望 • 在壓力或監督下快速工作 • 優先考慮自己的需求 • 忽略干擾的氣味、材質或噪音 • 忍受過於繁忙或活躍的環境 • 在醜陋或惡劣的環境中度過 • 觀看或閱讀暴力的描寫

也許你這輩子第一次意識到自己是個敏感的人。如果是這樣，歡迎加入這個俱樂部，你並不孤單。事實上，你身處於優秀的圈子：歷史上許多偉大的學者、藝術家、領袖和運動發起者都是敏感的人。沒有敏感的思維，世界就不會有：

- ■進化論
- ■微生物病原說（Germ theory）
- ■《西城故事》（*West Side Story*）

- 《星際大戰》（*Star Wars*）的主題音樂
- 結束種族隔離
- 吉卜力工作室（Studio Ghibli）
- 馬雅・安傑洛（Maya Angelou）的《我知道籠中鳥為何歌唱》（*I Know Why the Caged Bird Sings*）
- Netflix
- 馬斯洛的需求層次理論（Maslow's hierarchy of needs）
- 克林姆（Klimt）的《吻》（*The Kiss*）
- 美國獨立宣言
- 第一個非同質化代幣（NFT）
- 瑪麗・雪萊（Mary Shelley）的《科學怪人》（*Frankenstein*）
- 《羅傑斯先生的鄰居們》（*Mister Rogers' Neighborhood*）*

最重要的是要知道，你並不是因為敏感而有缺陷或毛病。事實是，你擁有一種超能力，這是人類物種賴以為生數百萬年的超能力。

進化的優勢

敏感性不僅是正常的，還是一件好事。事實上，科學家認為這是一種進化的優勢，有助於生物在各種環境中生存下來。要找證據，只需看看有多少物種已經發展出這個特質：超過一百種，包括貓、狗、魚、鳥、嚙齒動物、昆蟲以及許多靈長類動物。而且，研究人員發現，敏感性在不同的靈長類動物譜系中已經多次進化——這是具有生存和社交利益的強烈跡象。觀察恆河獼猴的行為就能看到這些利益的實際效應。一項研究發現，有母親照顧的敏感性恆河獼猴在成長過程中表現得早熟、聰明、對壓力有很強的適應能力。他們經常成為猴群中的領袖。在整個動物界，敏感性動物隨處可見。也許你親眼目睹過一隻特別狡猾的松鼠，聰明地智取你阻止牠接近餵鳥器的企圖，或者你養過一隻非常聰明的寵物。（珍妮有隻貓叫

---

* 查爾斯・達爾文（Charles Darwin）、吉羅拉莫・弗拉卡斯托羅（Girolamo Fracastoro）、傑羅姆・羅賓斯（Jerome Robbins）、約翰・威廉斯（John Williams）、納爾遜・曼德拉（Nelson Mandela）、宮崎駿（Hayao Miyazaki）、馬雅・安傑洛、里德・海斯汀（Reed Hastings）、亞伯拉罕・馬斯洛（Abraham Maslow）、古斯塔夫・克林姆（Gustav Klimt）、湯瑪斯・傑佛遜（Thomas Jefferson，包括所有缺點在內的一切）、凱文・麥考伊（Kevin McCoy）、瑪麗・雪萊、佛瑞德・羅傑斯（Fred McFeely Rogers）。我們無法確定這些人是不是自認個性敏感，但根據訪談紀錄、傳記或他們自己的話，這些人都表現出高敏感族群的共同特質。

馬帝，我們覺得牠非常靈敏，牠學會了如何打開櫥櫃門。）

在早期的人類社會中，這種優勢可能更加重要，至今依然如此。畢竟，能夠辨識出模式並注意關鍵細節，表示敏感的人通常善於預測事件；他們具有強大的直覺力。直覺力和敏感性之間的關聯性可以衡量：在一項研究中，敏感的人在賭博遊戲中表現得優於他人。另一項利用電腦模擬自然選擇的研究顯示，經過一段時間，敏感的個體比不太敏感的個體表現得更好。實際上，他們花了更多的時間研究各種選擇，並與過去的結果進行比較，時間一久，這種洞察力使他們能夠獲得更多資源——足以彌補他們額外花費的時間和精力。

因此，研究人員根據理論推測，敏感的人可能會增加整個人類物種的生存機會。當你能夠看到和聽到別人忽略的事物時，你就更能躲避捕食者和威脅，或找到資源。當你能夠從錯誤中吸取教訓時，你就不會再犯同樣的錯誤，也有助於別人避免陷阱。當你能夠理解他人的想法——包括他們沒說出口的部分——你就更能建立聯盟，幫助人們合作。

這麼一來，無論是在凍原還是叢林中，敏感性都是一種優勢。敏感的人可能曾經是我們的氣象預報員、心靈顧問和追蹤者。將這一特質應用到教師、股市交易員或執行長身上，你可以看到，即使社會可能不是這麼認為，但敏感族群仍然具備在現代社會成功的能力。

這個世界需要敏感族群和他們的超能力

這位護理師不喜歡抱怨，但她總覺得哪裡不對勁。她最近的病人是一位中年婦女，剛動完心臟瓣膜手術，正在恢復期。她在泰德．澤夫（Ted Zeff）的《敏感力量》（*The Power of Sensitivity*）一書中講述了自己的故事，但希望匿名。所以，我們就稱她為安妮。安妮是一位加拿大護理師，在重症照護方面擁有超過二十年的工作經驗。她說：「雖然我是那種享受加護病房的快節奏環境的護理師，但到了放假日，我還是會躺在沙發上看電影，以此從過度刺激中恢復過來，」她說。「我的同事會笑我，因為我的休息時間與他們大多數人『追求腎上腺素飆升』的行為大不相同。」

在此之前，安妮的病患一直恢復得不錯，醫師認為不需要進一步護理。安妮本來大可直接將她從名單上刪除，交由外科團隊接手。但直覺一直阻止她這樣做。每次安妮去確認病患的情況，病情似乎都有點惡化。首先，病患只有右側躺著才會感到舒服，這很不尋常。

安妮最近才知道自己是個敏感的人，所以那天上班時，她非常清楚地意識到自己的超能力。她在辦公室休息，思考當天發生的事情，心裡疑惑：「如果（病人的）身體試圖告訴我什麼，那會是什麼呢？……，為什麼我會這麼擔心她呢？」也許，身為敏感族群，她發現了其他團隊成員尚未注意到的事情。通常輪班結束時，她會感到平靜，因為她知道自己幫助了某人，好像可以放心回家了。但今天，她並沒有這種感覺。

安妮在想，如果她反駁醫師的話會怎麼樣。越界的護理師會被訓斥或重新培訓，甚至有時會遭解雇。即使最壞的情況沒有發生，安妮也不想冒犯或惹同事不開心，因為她知道緊張的關係可能影響對病人的護理。更重要的是，她承認，她有點害怕負責她病人的主治外科醫師。

儘管害怕，安妮知道她需要做什麼——說出來。她表示：「我知道我可能是她唯一的生存機會。」當一位醫師不理會安妮的擔憂時，她並沒有放棄，而去找了另一位幫忙。他相信安妮，並詢問是否該用可攜式超音波儀器掃描病患心臟，查看是否有體液堆積在周圍。安妮說好，即使這表示在未經外科醫師同意的情況下執行醫療處理，她討厭這樣。但檢驗結果立即證實了她的直覺——患者心臟內出現大血塊，再過幾分鐘就會停止跳動。

病患被緊急送入手術室，取出血栓。多虧了安妮，她完全康復了。後來有人告訴安妮，如果她當初沒有做出那樣的決定，病患可能就會不治身亡。「能夠運用我的高敏族天賦來幫助她，我感到榮幸，」她說。「我現在知道，我敏銳的觀察技巧和內在的力量有助於我從各個層面理解狀況。」如果可以重來一遍，她不會再那麼害怕外科團隊的反應。「只要友好但堅定地解釋我的擔憂，我知道自己的聲音可以被聽見。」她的行動消息傳開以後，安妮成為該單位的英雄。

因為敏感而在工作上取得優勢，安妮只是其中一個例子。她的故事表明，敏感性不僅是個人的一種超能力，亦是一種進化出來造福全體人類的特質。如果你或你的親人生病，安妮正是你希望身邊有她在的那種護理師。敏感性也許能救你一命。

敏感大腦的深度處理力

那麼，像安妮這樣敏感的人是如何辦到的？是什麼賦予他們超能力？答案在於人類大腦的運作方式。

對於神經元而言，所有的輸入，從貨運火車的轟隆聲到摯愛臉上的微笑，都只是待處理的數據點。某些大腦（敏感族群的大腦）處理訊息比其他人更深入、時間更長。大腦可以是一個無聊的青少年在從事兼職打工，對周圍發生的事情多半視而不見，也可以是一位專注每個案例細節的律師。敏感腦就是律師，如同頂尖律師一樣，他們不休息，天生就註定對事物追根究柢。

科學證實了這些差異。二〇一〇年，潔蒂嘉・賈吉洛維茨（Jadzia Jagiellowicz）和她的團隊使用功能性磁振造影儀，來窺探敏感族群的大腦。研究團隊觀察了高度敏感和不太敏感的人，同時給他們看自然景象的黑白圖片，例如有籬笆的房子或田野中的稻草捆。然後，對這些圖片進行某些更改，再拿給參與者看。有時候更改很多，例如在籬笆上加了一根柱子，有時候更改很小，例如稍微放大了某個稻草捆。

你可能以為你知道接下來的發展，但如果你猜想最敏感的人比不那麼敏感的人更快察覺到異樣，那麼你就錯了。情況相反，最敏感的人需要稍微長一點的時間才能察覺這些變化，特別是細微的變化。根據研究人員的說法，他們之所以花費更多的時間，可能是因為「他們更仔細觀察景象中的微小細節。」（如果你在社群媒體上瀏覽那些找出不同之處的圖片，並且花了相當多的時間完成任務，那你可能是一位敏感的人。）

當科學家們檢視大腦掃描時，他們注意到另一個差異。高度敏感族群在與視覺處理、評估複雜性和細節相關的大腦關鍵區域顯示出更明顯的活化，而不僅僅是表面特質。具體來說，高度敏感族群大腦的內側和後頂葉區域、顳葉和左腦枕顳葉區域更活躍。即使研究人員控制了其他特質，如神經質和內向，這些差異仍然存在。換句話說，正是敏感這種特質——而不是別的什麼——使他們處理訊息更深入。

在前面的體驗結束後，這種深度處理並沒有停止——敏感腦持續運作。我們之所以知道這一點，是因為加州大學的神經科學家碧昂卡・阿瑟畢多（Bianca Acevedo）研究了休息狀態的敏感腦。為了進行這項研究，阿瑟畢多和她的團隊在敏感族群執行同理心任務時掃描他們的大腦：他們觀看了快樂、悲傷或中性事件的照片和描述，然後看到自己的另一半和陌生人的臉部表情露出與事件相對應的情緒。阿瑟畢多解釋，在觀看照片之間的空檔，他們被要求從一個大數字開始以七為間隔倒數，「目的是為了消除體驗任何情緒的影響」。並且，要求他們描述觀看每張照片後的感覺，最後，告訴他們在掃描大腦時要放鬆。

研究人員發現，即使在情感事件結束後，甚至在消除相關情緒之後，敏感族群的大腦仍然在深度處理這個事件。阿瑟畢多解釋，這種深度處理是「高度敏感的主要特質」。所以，如果你經常發現別人早已更換話題，自己仍在反思某件事——無論是某個想法、某起事件還是某次經驗，那麼你可能是一位敏感的人。

高智商遇上高度同理心

這些大腦差異顯示了為什麼身體和情感的敏感性本質上是相同的特質：敏感腦花費更多

時間處理所有事物，無論是明亮的頂燈、孩子的微笑，還是新的科學理論。反過來，敏感性也以不同的方式表現出來：深入、深思熟慮的智慧和對人們深切、感同身受的意識。如果你更傾向於這兩者其中一面，那並不表示你不敏感；許多敏感人士確實傾向於單一方面。但你具有兩者的能力。

事實上，敏感腦進行的深度處理非常寶貴，所以敏感性往往與卓越才華有關。丹佛資優發展中心（Gifted Development Center）主任琳達・席爾曼（Linda Silverman）表示，大多數資質優異的人才都非常敏感，特別是在智力方面排名前百分之一或二的資優人才。「我的臨床研究歷時超過四十二年，在資優發展中心針對六千五百多名兒童進行了個人智力量表的評估，顯示出資優與敏感性之間存在關聯性，」她告訴我們。「智商越高的人，越有可能符合高敏感族群的特質。」

研究成功音樂家的結果支持這些發現。心理學家詹妮佛・格蘭姆斯（Jennifer O. Grimes）研究了奧茲音樂節（Ozzfest）的表演者，該節日可是美國最盛大、最瘋狂的重金屬音樂節之一。她發現，在幕後，這些搖滾歌手往往敏感且內向，與他們華麗的舞台形象完全相反。然而，這種模式不僅在藝術領域中發現。敏感性在任何情況下都能深入思考，因此高度敏感性有助於科學創新和商業領域的優秀領導。一個人越敏感，越能看到更多的關聯性，這些通常是其他人可能會忽略的部分。此外，他們還很貼心和善解人意，使他們更有魅力。

什麼不是敏感性

除了理解敏感性的內涵，認識什麼不是敏感性同樣很重要。敏感性這種特質並不等同於內向、自閉症、感覺處理障礙（sensory processing disorder）或創傷。

可以理解為什麼內向和敏感性容易讓人混淆。最近，內向的社會形象變得不再那麼汙名化，一部分要歸功於蘇珊・坎恩（Susan Cain）的開創性著作《安靜，就是力量》（*Quiet*）。然而，儘管內向者和敏感族群都有一些共同的特質，如需要固定的休息時間、深度思考和豐富的內心世界，敏感性仍然被高度污名化。（包括艾倫在內的某些專家認為，坎恩實際上寫的更多是關於高度敏感族群，而非內向者。）如果你對環境更為敏感，你可能更願意減少與人相處的時間，以減少外界的刺激，這是可以理解的。

不過，內向者和敏感族群之間有些關鍵的差異。內向描述的是一種社交取向：喜歡小團體的陪伴，享受獨處時間的人。而敏感描述的是一個人對環境的取向。因此，我們可以說，內向者主要因社交感到疲憊，而敏感性族群則是因高度刺激的環境感到疲勞，不論這些環境是否與社交有關。事實上，艾倫估計約有百分之三十的敏感人士屬於外向者，而百分之七十屬於內向者。所以，一個人可以是外向型的敏感族群，善於表達，擁有不錯的人際關係，也可以是內向型的敏感族群，珍惜獨處和寧靜。（換句話說，敏感性沒有一定是內向或外向。）

同樣地，自閉症人士和敏感族群可能有一些共同的特質，比方說會有避開特定氣味、食物或質料的傾向，或者對某些刺激感到不知所措。然而，根據阿瑟畢多的研究，自閉症人士和敏感族群的大腦存在差異。首先，自閉症和敏感性的大腦在處理情感和社交線索（social cues）方面幾乎是相反的。具體來說，敏感性大腦中與冷靜、荷爾蒙平衡、自我控制和自我反思相關的區域會顯示出高於典型水準的活躍度。而自閉症大腦中與冷靜、情感和社交相關的區域不太活躍。你從這一點就可以看出，自閉症人士可能必須學習解讀社交線索的策略，而洞察他人對敏感族群來說幾乎不費吹灰之力——事實上，比不太敏感的人更輕鬆。

感覺處理障礙有時會與敏感性混淆，因為這兩種情況都涉及對刺激的敏感性。然而，當大腦難以接收和回應來自感官的訊息時，就會出現感覺處理障礙。例如，患有這種障礙的孩子可能對刺激反應過度，一觸摸就尖叫，或者孩子可能對刺激反應不足，在操場上玩得很激烈。雖然某些感覺不適屬於敏感性的特質，但並不會像感覺處理障礙那樣影響日常功能。感覺不適也非敏感性的唯一特質。敏感性反而具有異常深入或詳盡的心智處理。

創傷是指任何強烈到神經系統無法當下處理的事情。嚴重的情況，如虐待、糧食匱乏或暴力可能造成創傷，但失去珍愛的關係（或寵物）、生病或遭受霸凌等經驗也可能導致創傷。經歷創傷會徹底改變神經系統，讓倖存者處於過度警覺（hypervigilance）和過度覺醒（hyperarousal）的狀態。敏感族群也很容易因為他們深度的心智處理過程而進入過度覺醒的狀態。我們稱這類經驗為過度刺激，在第四章會有更詳細的討論。專家們一致認為，敏感族群可能比其他人更容易受到創傷，因為他們對所有刺激的反應更強烈，包括創傷性刺激在內。然而，創傷和敏感性在本質上並不相同；阿瑟畢多再次發現，敏感族群和創傷後壓力症候群（posttraumatic stress disorder, PTSD）患者的大腦存在差異。

最後一點：就像一個人可以既高大又是左撇子一樣，也可以是敏感族群且同時具備其他特質、狀況或障礙。例如，一個敏感人也可以同時患有創傷後壓力症候群（或憂鬱症、焦慮症、感覺處理障礙等）。但敏感性本身不是一種疾患。你無法被「診斷」患有高度敏感性，敏感性也不需要治療，儘管敏感族群會從學習處理過度刺激和情緒調節的對策中受益。有些人甚至開始認為敏感性是一種神經多樣性（neurodiversity）。神經多樣性理論認為，大腦的差異不應該被視為缺陷，而是正常人類特質範疇中的健康變化。敏感族群的人與不那麼敏感的人相比，感知世界的方式不同，需求也不同。敏感性並不是次等或缺陷。敏感性有助於我們的物種繁榮。

堅強的迷思

當你在思考自己（或者你認識的人）是不是敏感族群時，請記住，敏感族群看起來未必像是敏感族群。敏感的人可能看起來像一位感覺與情場遊戲脫節的男性，因為他在戀愛關係中對情感深度和強度的渴望異於常人。或者像一位新手媽媽，不明白為什麼自己無法像其他母親一樣應對育兒的壓力。敏感的人可能像一位對工作環境的競爭性質或上司的不道德行為感到痛苦的員工，也可能像一位靠直覺保護了整個部隊的軍人。或者是一位科學家，讓她耿耿於懷的問題引導她取得重要的醫學突破。

換句話說，敏感族群不容易被人察覺。在許多文化中，社會要求我們隱藏自己的敏感性。我們稱這種態度為「堅強的迷思」（Toughness Myth）。堅強的迷思告訴我們：

- 敏感是一種缺陷。
- 只有強者才能生存。

- 情感流露是軟弱的表現。
- 同理心會讓你遭人利用。
- 你能忍受的越多，越好。
- 休息或尋求幫助是可恥的。

因此，許多敏感人士會淡化或否認他們的敏感性。他們可能戴上面具，表現得像大多數人一樣，即使他們從小就知道自己與眾不同。他們會去參加一場令人筋疲力盡的聚會，或者接下一項艱巨的工作任務，即使他們的身體需要休息。他們假裝自己沒有被一首優美的歌曲或一部感人的電影深深觸動。他們可能會哭泣，沒錯，但那是在自己家裡，在遠離他人目光的地方。

尤其是敏感男性，他們是堅強迷思的受害者。在許多文化中，他們從小被灌輸男孩不能哭，要成為真正的男子漢就要克服身體上和情感上的痛苦。法比歐．庫尼亞（Fábio Augusto Cunha）是一位居住在巴西的敏感男性，巴西是以其大男人主義文化聞名的國家，將男子氣概與勇氣、力量，有時甚至還與暴力相提並論。「我覺得我整個人生總是跟別人格格不入，難以適應男性『應有』的傳統行為方式，」庫尼亞在我們的網站「敏感族避風港」上寫道。

「我永遠無法融入男人之間的競爭性論述。別人似乎沒有感受到我所感受的，也沒有像我這樣以敏感的靈魂去看待世界。走過人生的許多階段，我一直逼迫自己去適應，尤其在我十幾歲的時候。我有一群男性朋友，我試著像他們一樣『強悍』。但當我獨處時，透過閱讀書籍、聆聽歌曲和觀看戲劇電影，我才真正找到了自己和我的敏感天性，這些幾乎都是暗地裡進行，就像我有一個隱藏的身分一樣。」

女性也是「堅強迷思」的受害者，只是形式不同，例如她們因「太感性」而遭到漠視的時候。身兼作家、導演和製片人與《少女魔法師》（*Sabrina the Teenage Witch*）的創作者，奈兒．史柯威爾（Nell Scovell）在接受第一份電視編劇工作時遇到了這種迷思。「我想，如果我的男性同事沒有注意到我是一位（低聲說）女性，他們會讓我留下來，」她在一篇文章中寫道。因此，三十年來，她在工作中壓抑著自己的情緒：「我淡化了失落感。對待騷擾一笑置之。當某位男性上司向我解釋為什麼他可以把我的功勞占為己有時，我臉上的微笑並未洩露出內心的尖叫聲。」

事實上，史柯威爾表示，那些所謂更堅強的男性受到完全不同的待遇標準，只要用憤怒遮掩，就可以擁有很多脆弱面。例如，有位男同事與電視台的會議進行得不順利，他氣呼呼地走進辦公室，咒罵了一句粗話，然後把劇本甩到桌上。「我突然意識到，憤怒也是一種情緒，」她寫道。「但不會有人認為他『歇斯底里』。當一個男人爆氣衝出房間時，別人會認為他情緒激昂。但當一個女人衝出房間時，別人會認為她反覆無常和有失專業。」

那些被社會邊緣化的人，如有色人種或ＬＧＢＴＱ＋人士，在面對「堅強迷思」時可能會面臨雙重問題。由於已飽受歧視和有害刻板印象的困擾，他們可能會抗拒被認為敏感。他們的身分已經因為膚色或性取向而備受關注，敏感這個詞可能會讓他們感覺自己的身分變得更加限縮。但對許多人來說，擁抱自己的敏感性會讓他們感覺有力量。麥克．帕里斯（Michael Parise）曾在ＬＧＢＴ互助網（LGBT Relationship Network）寫過關於高度敏感的文章，他這樣解釋：「了解我的高敏族特質讓我不再感覺自己是受害者，也不再評判自己和他人。這也使我能夠做我自己，不再把不必要的包袱歸咎於我的性取向。」

特別是黑人經常說，他們被期望展現出心智堅韌和強大的形象，一種不帶情感的形象，以應對種族主義的壓力。「敏感族避風港」的投稿人蘭妮莎．普雷斯（Raneisha Price）是一位敏感的黑人女性，她有過這種經歷。她回憶自己在肯塔基州（Kentucky）一個白人為主的小鎮長大時，被人用種族歧視的言語辱罵過。她的父親不但沒有幫助她理解這種情況——她「對於想了解更多事物的渴望難以抑制」——反而堅持要她保持自信，不要流露出自己的情緒（還要她用「去吃我的屎吧！」來回擊）。「身為一個黑人女性，妳從小被教導要堅強，不是因為妳必須如此，而是因為妳本來就是這個樣子。」她寫道。「很多時候——太多次了，數不清——我內心的感受與別人告訴我『應該』成為的樣子並不一樣。」所以，普雷斯覺得自己好像出了什麼問題。「如果我躲到房間，享受敏感的我所渴望的『自我時間』——所有高度敏感族群都需要獨處的時間來處理他們的想法和感受——我就會被貼上『行為怪異』和『情緒化』的標籤，或者被嘲笑說有未診斷出的心理問題。」直到她接近四十歲時，一位出色的治療師幫助她接受自己的敏感性，普雷斯才終於相信她不再需要隱藏它。

這種不斷要求我們隱藏敏感性的壓力，表示敏感性在世界上仍然大都是看不見的。我們經常讚美那些敏感靈魂的成就，改變生活的音樂專輯、改變世界的民權運動……等等，即使我們同時也在試圖壓抑敏感本身。善良很好，但不要太心軟；有創造力很好，但不要創意過頭變怪異。表達你的感受很好，但不要讓任何人把你的感受當真。換句話說，「堅強迷思」剝奪了我們某些東西。它導致我們在關於幸福、工作與生活平衡、我們允許自己被對待的方式，以及我們如何對待彼此方面做出有害的選擇。也許，正如齊美爾所警告的那樣，當我們試圖堅強面對這個令人難以承受的世界時，我們確實失去了我們的憐憫之心。

所以，也許是時候試試一些新的事物了。

敏感之道

讓我們回到德勒斯登的那場講座。齊美爾談到了一個世界，城市居民不斷被感官輸入的刺激轟炸，結果變得麻木不仁。一百多年過去了，這種刺激轟炸卻越演越烈。如果你是敏感族群，對於這個刺激過多的世界會有更深的感觸。當你在尋找愛情、養育孩子或去工作時，都會感受到這點。你感受到的高潮更高，低谷更低，而在齊美爾描述的那種環境中，你很容易變得過度刺激。

因此，敏感族群讓我們看見不同的方式。你可以稱他們的視角為「敏感之道」（Sensitive Way）。敏感之道是一種信仰，在內心深處，生活的品質比單純的成就更有價值，人與人的聯繫比控制他人更令人滿足，當你花時間反思你的經歷，並聽從內心的引導時，你的生活更有意義。與「堅強迷思」相比，敏感之道告訴我們：

- 每個人都有極限（這是好事）。
- 成功來自共同合作。
- 憐憫是有回報的。

■我們可以從情感中學到很多東西。
■照顧自己時，我們能做更大、更好的事情。
■平靜可以像行動一樣美麗。

如果我們開始聽從「敏感之道」而非「堅強迷思」的指引，會發生什麼呢？如果敏感的聲音開始挺身而出，如果我們不再隱藏自己的敏感，並開始接納它，會發生什麼呢？畢竟，德勒斯登的市府官員從未要求齊美爾講述現代生活如何影響靈魂，他在未經許可的情況下大聲說出來。我們需要一個大膽而沉思的聲音來指出所有人心知肚明的事實：經濟進步很好，但人類幸福的進步更重要。

透過敏感之道，你的敏感性可以成為世界的禮物，即使有時它可能感覺像一種詛咒。在本書中，我們將慶祝你作為敏感族群所擁有的非凡優勢，並提供工具來減輕和克服你面臨的挑戰。我們的希望是，經過這趟閱讀旅程，你會開始認為你的敏感性是件好事（就像我們兩個作者看待自己的敏感性一樣）。

這趟旅程從了解最初是什麼使你變得敏感開始，而當你了解這一點，就會發現敏感性所帶來的驚人優勢。

第2章
敏感性的提升效果

「我認為整個人生就是一個不斷整理早期接收到的訊息的過程。」

——布魯斯・史普林斯汀（Bruce Springsteen）

布魯斯・史普林斯汀每次演出時，都會席捲整個舞台。作為真正的搖滾傳奇，即使已經七十多歲，他依然活力四射，一位評論家形容他的表演是「一場熱血沸騰、震撼歌壇、衝破穹頂、爆裂平流層、長達三小時的超級盛大演唱會」。正是這股能量使他贏得了「The Boss」的稱號，讓他的粉絲癡迷不已。許多粉絲和史普林斯汀本人一樣，都出身於藍領家庭。對他們來說，史普林斯汀象徵一種堅強、勤奮、叛逆的美國精神，用他的一首歌來說就是《絕不屈服》（*No Surrender*）。他的粉絲可能用許多詞彙來形容他，但「敏感」可能不會排在第一位。

如果這些粉絲在台下見到史普林斯汀，他們可能會感到驚訝。他告訴一位採訪者，童年時，他是「一個非常敏感且神經質的孩子，充滿了很多焦慮。」在雷雨交加的天氣，他會嚇得放聲尖叫，妹妹一哭，他就跑到妹妹身邊照顧她。史普林斯汀自稱是一個「媽寶」，他在自己的回憶錄《生來奔跑》（*Born to Run*）中透露，有時候會緊張得咬自己的手指，「一分鐘眨眼幾百次」。他的害羞和敏感也不受同學們歡迎，史普林斯汀寫道，他很快就變成了「一個無心的造反者，一個被排擠的怪咖、不合群的娘砲……，與人疏離、被人疏遠和在社交方面沒有歸屬。」那是他在七歲時的情況。

史普林斯汀的父親道格拉斯（Douglas），後來成為啟發他兒子創作數首知名歌曲的人，並不喜歡這種敏感的性格。他的體格強壯，是個崇尚力量、堅韌和戰鬥能力的工人。根據史普林斯汀的回憶錄，他父親的不滿轉化為對布魯斯的疏離冷漠，外加每晚酗酒後對他大聲斥責。（道格拉斯．史普林斯汀後來經診斷患有妄想型精神分裂症。）有一回，他醉醺醺地對著布魯斯的母親大吼大叫，被布魯斯逮到，這是他少數幾次流露出父親驕傲的時候。布魯斯非常敬愛母親，由於擔心母親的安危，便拿了一根球棒走到父親身後，朝肩膀狠狠地打下去。老史普林斯汀生氣地轉過身，眼中充滿了憤怒，但他沒有爆發，反而笑了起來。這成了他最喜歡講的一則故事：也許他的兒子還是很強悍的。

史普林斯汀的經歷絕非特例。許多敏感人士在童年時期就被認為性格有缺陷。父母想要糾正他們、或者讓他們變得更堅強——同事、朋友，甚至後來的伴侶也是如此。這些努力都是錯的，不僅因為敏感性是一種力量，而且因為這些努力根本行不通。這就是個例子：道格拉斯．史普林斯汀發現，世界上所有的吼叫都無法使他的孩子變得不那麼敏感。那是因為，無論你是搖滾樂巨星還是普通人，你的敏感性已經滲透入你的本質裡。

那麼，最初是什麼使你變得敏感呢？而你的敏感又如何在生活中幫助你？科學家們並不完全了解敏感性的成因，但多虧新科技的進步，他們已經發現了一些重要的線索。

遺傳因子的影響

短版的血清素轉運體（SERT）基因在一九九〇年代被發現時，人們以為它會導致憂鬱症。或者更確切來說，由於憂鬱症比任何單一基因都要複雜，因此人們認為這種基因會增加罹患憂鬱症的**風險**。支持這種關聯性的證據似乎相當確鑿：多項研究顯示，擁有這種短版基因的人更有可能在面對困境時變得憂鬱或焦慮。這是說得通的。短版血清素轉運體基因——在某一區域的遺傳密碼片段比長版變體短——會影響血清素的產生，而血清素在調節我們的情緒、幸福感和快樂方面扮演著重要角色。因此，許多研究人員接受了短版血清素轉運體基因和憂鬱症之間的關聯性。但瓊安．喬（**Joan Chiao**）不滿意這個結論。作為一名神經科學家，喬偶然發現了一些數據，顯示像她這樣東亞血統的人，更有可能攜帶這種基因變體。實際上，與西方白人相比，機率幾乎高出一倍。但喬大部分時間都與亞洲人和亞裔美國人相處，他們似乎沒有比其他人更容易憂鬱。既然是科學家，喬當然不會把自己的個人經驗當作證據。她決定進行調查：在許多人攜帶這種基因變體的地方，例如東亞地區，憂鬱症發病率是否較高？

要找到答案並不容易。喬必須整合大量的研究，再加上世界衛生組織（**World Health Organization**）的數據，將所有這些資料匯入兩張地圖，發表於二〇一〇年的一篇文章中。一張地圖顯示了該基因最常見的地區；另一張則顯示了憂鬱症患者最多的地區。喬推想，如果它真的是「憂鬱症基因」，那這兩張地圖應該大致相同。但結果卻不然。事實上，如果你將它們並排放置，這兩張地圖在某些方面是相反的。許多人擁有該基因的東亞，在憂鬱症地圖上幾乎沒有明顯的標記。然而，美國和歐洲部分地區（人們擁有該基因的機會並不高）卻在憂鬱症地圖上呈現出鮮紅一片。

單憑地圖來看，你可能會認為這種基因讓某些人免於憂鬱症（事實並非如此）。對發現有所保留的喬考慮了其他可能性，比如西方是否過度診斷憂鬱症，而在亞洲是否診斷不足。（也許是，但可能不足以解釋這種巨大差異。）然而，她的所有線索都沒有得到證實。那麼，到底發生了什麼事？為什麼擁有憂鬱症基因的人並沒有，嗯，變得**憂鬱**呢？

對某些人而言，社會支持更重要

喬不是唯一一位提出這個問題的科學家，一些研究人員也在尋找線索。例如，有一項研究發現，擁有短版血清素轉運體基因的人，如果認為自己擁有良好的社會支持，那麼他們在經歷創傷（在該項研究中是颶風）之後患上憂鬱症的風險，並沒有比擁有長版血清素轉運體基因的人更高。然而，如果他們缺乏這種社會支持，那麼患上憂鬱症的風險就會高出四點五倍。另一項觀察寄養家庭青少年的研究也發現了類似的情況。只要生活中有一位可靠的成年導師，這些擁有短版血清素轉運體基因的青少年就不容易患上憂鬱症。只有在缺乏導師的情況下，他們患上憂鬱症的風險才會增加。

漸漸地，一幅新的畫面浮現出來。當喬比對這些地圖時，她意識到這種短版基因在集體主義文化的地區更常見，例如東亞國家。也許在這些地方，文化的某些特質，像是長久的關係和家庭關係密切，提供了更多的社會支持，有助於預防憂鬱症。相比之下，個人主義文化，例如在美國，人與人的關係往往更加流動且更容易被取代。實際上，也許那些擁有短版變體的人從他們得到的任何社會支持中獲得更多。例如，其他研究發現，與長版變體的人相比，短版血清素轉運體基因的人更容易解讀、反應和預測其他人的情緒。他們也可能更準確評估風險，並且更具創造力和同理心。後來，另外兩位科學家，鮑德溫．韋（Baldwin Way）和馬修．李伯曼（Matthew Lieberman），在二〇一〇年也得出了類似的結論。在他們的研究中，他們給短版血清素轉運體基因變體取了一個新名稱：**社交敏感基因**。（social sensitivity gene）。

現代基因研究方法

如今，科學家不再尋找像血清素轉運體這樣的單一候選基因來解釋人類的特質。大多數可遺傳的特質，即使是那些看似簡單的身高和膚色，都受到多個基因的控制，而不僅僅是一個基因。（這就是為什麼我們的身高不會和父母完全一樣，膚色也不會完全一樣。）現在，研究人員可以使用機械手臂將DNA樣本滴在小小的化學反應盤，掃描一個人的完整基因組，同時檢查數百萬個基因變體。如果這個過程在足夠大的樣本量中重複進行——這些樣本來自DNA資料庫，就像你用來查看家族血統的資料庫——研究人員就可以發現與單一特質相關的數千個基因變體。這些基因中沒有一個足以單獨啟動或關閉某個特質，但都以某種方式對特質做出貢獻。因此，敏感性和大多數特質一樣，可以看作是在一個人的完整基因組中出現的模式。你的基因組越符合該模式，你就越敏感。

目前，敏感性方面的研究仍在進行中，模式尚未完全確定。不過，血清素轉運體基因可能是參與該模式的基因之一。研究人員現在稱血清素轉運體為可塑性基因（**plasticity gene**），因為它似乎使人對環境更加開放，允許環境對他們產生更大的影響。其他可塑性基因包括單胺氧化酶A基因（MAOA）、多巴胺D4受體基因（DRD4）以及其他與多巴胺系統（大腦的獎勵中心）有關的基因。這一發現可能表明，敏感的人不僅對世界有不同的體驗，對生活中的事物也有不同的需求。

最後，反應性特質或許能解釋與憂鬱症之間的關聯。顯然，如果你對生活中的事件有更強烈的反應，負面事件可能對你造成更大的傷害。例如，失業或失去一段重要的關係可能會使你比其他人更容易罹患憂鬱症。但反應性也有助於解釋為什麼這種關聯未必存在。例如，當具有可塑性基因的人受到支持、鼓勵和肯定時會發生什麼情況？他們仍然對周遭環境有強烈的反應，但這次是積極的——這給了他們其他人沒有得到的優勢。我們稱這種優勢為「**敏感的提升效果**」（Sensitive Boost Effect）。這種提升效果讓敏感的人在獲得基本支持時能夠超越其他人。這樣就說得通了，這些人罹患憂鬱症的風險很低，因為他們受到環境強大的積極影響，而其他人卻沒有。

換句話說，你越敏感，無論是好是壞，你都能從任何經歷中獲得更多——這很大程度上取決於你的基因。

敏感性的三種類型

敏感性不是光憑單一基因決定，這個事實有助於解釋為什麼沒有任意兩位敏感族群的人是完全相同的。到目前為止，研究人員已經確定了人們在敏感性方面的三個主要差異。

低感官閾值（Low sensory threshold）：你對透過感官接收的訊息非常敏感，如視覺、氣味、聲音和觸感。或者我們可以這樣說，你是「**超級感測器**」（super sensor）。該類型敏感性一方面決定了你對環境的適應程度，另一方面決定了你受到過度刺激的速度。如果你有以下任何一種傾向，那麼你的感官閾值可能很低：

■在擁擠或繁忙的地方會感到疲倦或不知所措。
■對少量咖啡因、酒精、藥物或其他物質有強烈反應。
■對大聲的噪音（如警鈴聲或喊叫）、刺激或不舒適的材質（如羊毛衣物）或明亮的燈光感到非常困擾。
■對溫度的些微變化很敏感，例如房間有點太熱或太冷的時候。

容易被激發（Ease of excitation）：容易對情感刺激產生反應，無論是來自自己內在還是來自他人。你是「超級感覺者」（super feeler）。該類型敏感性通常伴隨著與生俱有的讀心能力，但也意味著你可能會對細節感到緊張，或更難以處理痛苦情緒。如果你有以下的行為或感覺，那麼你可能是這種類型的敏感性：

■你容易吸收他人的情緒和情感。

- 你需要很多休息時間來平撫你的神經系統並補充能量。
- 有很多事情要在短時間內完成時，你會感到緊張或焦慮。
- 你容易餓到生氣（hungry + angry）。
- 你對身體的疼痛非常敏感（你的疼痛耐受力低）。
- 你努力避免犯錯（因為犯錯會讓你感到非常尷尬或羞愧）。
- 你容易驚嚇（你的驚嚇反射大）。

美學敏感度（Aesthetic sensitivity）：你非常注重周遭環境的細節，特別是藝術細節。你是「美學家」（aesthete），對藝術和美有特殊鑑賞力的人。你可能具有高度美學敏感度的跡象包括：

- 你會被音樂、詩歌、藝術作品、小說、電影、電視節目和戲劇深深打動，或者被裝潢擺設精美的房間或大自然中引人注目的景色感動。
- 你對細膩的香味或味道（比如好酒）有強烈的鑑賞力。
- 你會注意到別人忽略的小細節。

- 你會知道需要改變什麼來改善不舒適的環境（比如調低溫控或柔和的燈光）。
- 你有豐富、具有想像力的內心世界。

如果你是屬於敏感族群的人，你可能在這三個方面都非常敏感，或者你可能只在一、兩個方面比較敏感。倫敦瑪麗皇后大學（Queen Mary University of London）行為科學家、敏感性領域的頂尖研究學者之一麥克・普盧斯（Michael Pluess）指出，除了這三種類型的敏感性之外，我們有些人天生就比較容易對負面的經驗（糟糕的一天、損失、創傷等）產生反應，而有些人則比較容易對正面的經驗（例如，觀看激勵人心的電影或得到老闆的稱讚）產生反應。這些敏感性的差異，部分是由我們基因的變異所引起的。在《高敏感大腦》（*The Highly Sensitive Brain*）一書的某章節中，研究人員柯里納・葛雷文（Corina U. Greven）和茱蒂絲・霍姆伯格（Judith R. Homberg）這樣說：「敏感性可以想成一個多元且高度靈活的特質，它受到基因變異和生活經驗（包括童年環境）的影響。」

這就帶出了敏感性的下一個成因：你的童年環境，包括你第一次經歷的環境——你母親的子宮。

九一一事件倖存者子女給我們的啟示

二〇〇一年九月十一日的早晨，數萬人在世界貿易中心附近地區過著平常的生活。據《九個月，孩子大不同》（*Origins: How the Nine Months Before Birth Shape the Rest of Our Lives*）一書的作者安妮．墨菲．波爾（Annie Murphy Paul）所稱，當時約有一千七百名孕婦也在這些人之中。飛機撞上雙子星大樓時，這些孕婦陷入突如其來的混亂之中。有些人在結構物坍塌前奮力逃生，有些人則在附近建築物中親眼目睹驚心動魄的畫面。大約一半的孕婦後來出現創傷後壓力症候群，該疾病常見於九一一事件的倖存者。那天的恐懼已經結束很久，但她們的身體仍然認為自己處於危險之中，即使現在人身安全無虞。她們飽受恐慌發作和惡夢連連的折磨。哪怕是一點風吹草動，她們也會驚恐不安。

就在同一個早晨，大約相距十五英里遠的地方，瑞秋．耶胡達（Rachel Yehuda）來到布朗克斯退伍軍人事務醫療中心（Bronx Veterans Affairs Medical Center）工作。在找到電視並觀看這些殘酷暴行發生之後，耶胡達開始思考九一一事件對倖存者的長期影響。身為創傷後壓力症候群研究者，她整個職業生涯一直都在與納粹大屠殺倖存者和越戰退伍軍人合作。一九九三年，她開設了世界第一家致力於治療納粹大屠殺倖存者的精神科診所。她原本預期會有大量親身經歷過納粹暴行的人來電，但事情出乎她的意料。她接到倖存者成年子女的電話比倖存者本人的電話還多，比例約為五比一。耶胡達在她的書中告訴保羅：「這些第二代成員中有許多人出現創傷後壓力症候群的症狀。」即使他們的生活並沒有經歷過特別的創傷，他們仍描述了與父母相同的惡夢、焦慮，甚至是過度警覺。

當時的理論是，創傷倖存者的子女之所以也會有精神創傷，是因為聽到父母的故事，看到父母的掙扎。這種經歷反過來使他們更加害怕、焦慮，更警惕世界上無所不在的危險。但耶胡達有不同的想法。在接下來的幾年中，她參與了多項研究，探討創傷如何影響倖存者的子女。她發現，九一一事件倖存者的新生兒體內皮質醇水準與他們的母親相似。皮質醇是預測一個人會不會罹患創傷後壓力症候群的重要指標——如果九一一事件發生在懷孕後期，這種影響最明顯。後來的一項研究又增加另一個轉折：如果母親（而非父親）罹患創傷後壓力症候群，那麼子女更有可能罹患同樣的精神疾病。

這是怎麼回事呢？由於這些孩子在九一一事件發生時還太小，無法聽懂和理解母親講述關於九一一的恐怖故事，所以典型的解釋無法成立。而且，因為創傷發生在第三個孕期（最後三個月）的影響最為明顯，所以事情並不是嬰兒經遺傳得到創傷後壓力症候群風險較高的基因那麼簡單。母親的創傷經歷會不會在嬰兒出生之前就傳遞給嬰兒呢？

來自我們祖先的訊息

耶胡達偶然發現了科學家現在所謂的表觀遺傳學（epigenetics），這是一項相對新興的研究領域，探討我們的經歷如何改變我們的基因運作方式。而且，影響基因表現（gene expression）的不僅僅是我們自己的經歷，還包含我們祖先的經歷。簡單來說，表觀遺傳標記可以啟動或關閉某些基因，讓一個物種能夠迅速應對其環境。並非所有這些變化都是永久性的，而且這些標記實際上不會改變你的DNA代碼。

想像你的基因就像一座圖書館。每本書都包含使你成為自己的指示。表觀遺傳學會幫忙選擇哪些書要閱讀，哪些書要留在架上。創傷性事件，如戰爭、納粹大屠殺或九一一，會改變基因被解讀或表達的方式，但普通、日常的事情也會改變它們。像飲食、運動和衰老等都會改變我們的基因運作方式。表觀遺傳學也有助於解釋為什麼有些人很敏感。

表觀遺傳學的證據來自最近對草原田鼠（prairie vole）的一項研究，草原田鼠是一種看起來像老鼠的棕色小動物。在這項由傑伊．貝爾斯基（Jay Belsky）等人進行的研究中，有一些懷孕的草原田鼠被放置在一個有壓力的環境中（與一隻具侵略性的草原田鼠同處一籠），有一些則沒有。然後，把牠們的田鼠寶寶交給田鼠養父母。這些田鼠養父母當中有一半是好的照顧者；對於草原田鼠而言，好的照顧意指大量哺乳、舔舐和梳理。另一半則是疏於照顧的父母。等到這些田鼠幼鼠長大變成鼠後，科學家對牠們進行焦慮程度評估。

研究結果讓科學家們毫無疑問。那些母親曾受壓力但後來被好父母領養的草原田鼠，是所有動物中焦慮程度最低的，甚至比那些母親未曾受壓力的草原田鼠還不焦慮。而受到產前壓力影響又被壞父母領養的草原田鼠，是所有動物中焦慮程度最高的。其他未受產前壓力影響的草原田鼠則介於中間，無論牠們的父母是好是壞，對牠們的焦慮程度都沒有影響。

乍看之下，這些結果可能不是什麼大不了的事，但實際上具有開創性意義。在那之前，科學家們只關注產前孕期壓力的不利影響，像是九一一事件後對後代的創傷影響。但是，如同天文學家可能被一粒塵埃干擾視線一樣，社會科學也可能被簡化的人類偏見影響。有時，這種偏見是可以原諒的；正如一位發展研究者告訴我們的，當一切都進展順利時，沒有人會要求你研究他們的孩子。因此，早期有關敏感性的研究工作主要集中在那些陷入困境的人身上。貝爾斯基和普盧斯對此則有不同看法。就像血清素轉運體基因一樣，也許產前壓力會在某種程度上加強可塑性，在寶寶出生前發出一個「訊息」。這種壓力可能向孩子釋放信號，提醒他們「注意！」「外面是個野蠻世界。」這樣的訊息使他們在出生後對環境更加敏感，使他們比產前壓力較小的孩子更能應付不斷變動的世界，這就是「**敏感的提升效果**」。

故事的另一半

在天性和教養的世紀大辯論中，最普遍的答案是「兩者都重要」。但這種論調尤其適用於敏感族群，因為他們的基因模式使他們對後天的教養更加敏感。令人驚訝的是，科學家們已經能夠精準算出兩者的占比：你的基因對你的敏感程度約有百分之四十七的影響。其餘百分之五十三則來自科學家所謂的**環境影響**。（普盧斯透過研究擁有相同基因但敏感性得分不同的雙胞胎，得出這一結論。）因此，家庭、學校和社區這樣的影響因素會讓你變得更加敏感，而且可能比其他特質更重要。

具體而言，研究人員認為我們在生命的最初幾年中的經歷尤為重要，但他們不確定哪些經歷會使我們變得更加敏感。「這是一個尚待探討的重要問題，」普盧斯在一次採訪中告訴我們。

李智（Zhi Li，音譯）和她的同事最近在美國進行的研究提供了一個線索，他們研究兒童在一年內的敏感程度變化。在一個裝飾得像客廳的實驗室裡，孩子們進行解謎、玩遊戲，並在某些情況會要求他們等一下才能吃零食，來考驗他們的耐心。研究團隊藉此尋找敏感性的跡象，比如創造力、深度思考和面對挑戰性任務的毅力。研究人員甚至做了一些奇怪的事情，以觀察孩子們的反應。在一次實驗中，一位套著黑色塑膠袋的陌生人進入房間，逗留了九十秒，然後什麼話也說，甚至看都沒看孩子一眼就離開了。目的是要觀察敏感的孩子是不是會比不太敏感的孩子更害怕（但他們沒有）。在另一次實驗中，李智和她的同事假裝頭或膝蓋受傷，痛苦地大叫。他們在測試敏感的孩子是不是會表現出更多的同情心（他們確實如此）。所有參與實驗的孩子在第一次實驗期間約三歲左右，在第二次實驗期間約四歲左右，大多數實驗都是重復的。

調查員接受過訓練，懂得觀察細微的反應。他們知道敏感的孩子往往更願意與他人建立積極的關係，但在建立關係時也往往比較矜持。因此，李智團隊尋找一些微小跡象，例如，孩子會表現得有禮貌且仔細遵從指示，以討好實驗者。他們也預期敏感的孩子會自我監督並在做決定前思考回饋意見。而且，調查員認為，敏感的孩子通常會比較謹慎，努力控制自己的情緒和衝動。

李智也想了解孩子們的家庭生活。他們的家庭是變化莫測且混亂，還是提供安全感且穩定？他們的父母是和藹可親、照顧周到且公平公正，還是嚴厲、不耐煩且不滿，孩子犯錯或搗蛋時就大吼大叫？為了評估這種環境，調查員觀察了母親與孩子討論孩子最近一次搗蛋的情況。他們也評估孩子們的認知功能和任何行為問題，如憂鬱、注意力問題和攻擊性。

最後一次實驗結束並完成數據分析後，科學家注意到一個有趣的情況：圖表呈現U型。生活在最極端環境中的孩子——無論是支持性家庭還是疏忽照顧的家庭——其敏感性在一年內維持在偏高的水準。生活在中性或中等環境中的孩子——不特別支持但也不一定疏忽照顧的家庭——其敏感性實際上**降低了**。而就像草原田鼠的研究一樣，在支持性環境中成長的敏感孩子，是所有孩子中受益最多的，表現出最好的認知功能和最少的行為問題。

為什麼？科學家無法完全確定，但他們認為這可能與人體的能量消耗有關。敏感族群的大腦會努力運作，且敏感族群可能會在任務上面花費更多時間、消耗更多能量。在支持性的環境中，孩子可能會因為變得敏感而受惠，雖然需要消耗能量，但他們的敏感性使得他們能夠更好地學習與茁壯——他們充分善用了他們的特殊環境。不幸的是，在嚴苛的環境中，孩子們也可能會因為敏感性而受惠，因為這有助於他們對威脅保持警惕，仔細評估情況後再行動。這也讓他們服從照顧者的要求，因為這些照顧者可能難以捉摸，對孩子的需求漠不關心，或者在管教方面很嚴格。

然後，還有在中性環境下長大的孩子。他們可能會變得不那麼敏感，因為敏感性不會帶給他們那麼大的好處。敏感性對他們而言是消耗能量，因為沒有什麼威脅需要防禦，也沒有什麼豐富的經驗可以學習。任何一位敏感族群的成年人都會告訴你，對環境高度反應可能是令人疲憊且消耗能量的過程，不容輕忽。

因此，這裡給我們另一個關於敏感性成因的線索。在早年生活中，如果你成長於惡劣的環境，你可能會變得更加敏感，因為這是一種生存手段。然而，如果你成長於支持性的環境，你也可能會變得更加敏感，以便吸收每一丁點好處。

優勢敏感性的力量

那麼，這些早年經歷到底有多重要呢？例如，如果你沒有經遺傳得到太多敏感性的基因模式，但你小時候父母經常吵架，那你現在會是高度敏感的成年人嗎？不一定。反過來看，如果你確實經遺傳獲得敏感基因，但你在中性環境下成長，那麼這個環境會不會抵消你的基因影響？可能不會。如此看來，早年經歷會增加你的敏感性，但首先必須有基因模式。回到針對幼童的研究，那些原本敏感性得分就比較高的孩子，在一年內幾乎沒有太多變化，可能是因為他們的基因已經使他們變得敏感。那些一開始敏感性得分較低的孩子，其在極端環境下的敏感性大幅增加，因為他們正在適應周圍的環境。

正如普盧斯告訴我們的，如果敏感性只是種創傷反應，那麼敏感族群應該少之又少，但事實並非如此。反而，敏感族群無所不在——約占人口的百分之三十——而且其中許多人過著普通的童年生活。在普盧斯看來，這代表了一件事：敏感性帶來的優勢一定比科學家最初意識到的還大。

回顧數據時，他認為他知道這種優勢是什麼。說不定敏感性波動幅度超出研究人員最初的預期呢？說不定敏感族群在適當的條件下，即使到了晚年，實際上也有望優於其他人呢？普盧斯稱這種概念為「**優勢敏感性**」（vantage sensitivity），即高度敏感性是一種適應性特質，能使任何形式的支持產生最大效益。

為了驗證這一理論，普盧斯進行了自己率領的憂鬱症研究，該研究不是基於血清素轉運體基因，而是基於人們的敏感性得分。重要的是，他的研究對象是已過兒童早期發展階段的青少年。他們不僅年齡較大，而且居住在英國經濟最拮据的地區之一。從統計數據來看，這些青少年不太可能擁有穩定的家庭，這使他們罹患憂鬱症的風險很高。但如果「優勢敏感性」的理論正確，那麼最敏感的青少年應該是最有能力克服困境的人。

在該研究中，所有青少年都參與了抗憂鬱計劃。這個計劃大約持續四個月，教導這些青少年認識憂鬱症並教他們對抗憂鬱的技巧。他們會在這個計劃開始前、進行期間以及結束後的幾個時間點接受憂鬱評估，以測量這個計劃對他們的幫助有多少。結果令人驚訝。對於整體青少年來說，這個抗憂鬱計劃似乎影響不大，直到將他們的敏感性測試得分考量進來，情況就變了。結果發現，不那麼敏感的青少年幾乎沒有因這個抗憂鬱計劃受惠，而對於敏感的青少年來說，這個計劃卻是大獲成功：他們在計劃進行期間以及計畫結束後，研究人員不再追蹤至少一年的時間內都克服了憂鬱。這些青少年的成功似乎顛覆了早期的理論模型。這些孩子可能經歷過最艱難的童年，而他們的敏感性不僅幫助他們生存下來，還成了他們超越同輩的跳板。

不僅青少年，其他年齡層和不同環境之下的敏感族群也出現類似結果。處於離婚邊緣的敏感性成年人如果接受關係干預，他們更有可能挽救婚姻。同樣接受良好照顧的情況下，敏感性兒童會比不太敏感的兒童發展出更好的社交技能，獲得更好的成績，甚至在利他行為方面得分更高。與此同時，治療師報告指出，所有年齡層的敏感族群似乎都能在治療過程中取得更大的進步且獲益更豐。到了成年，敏感族群甚至可能比不那麼敏感的人更具抗壓能力，這與我們大多數人的預期恰恰相反。由此可見，敏感族群並不是只有在最完美的條件下才能茁壯成長的溫室蘭花。他們反而更像是多肉植物：不會浪費任何一滴滋養，並持續吸收養分，直到開出美麗的花朵。

敏感族群天生適合超級成長

人們之所以長期以來沒有意識到這種優勢（像布魯斯・史普林斯汀的父親和許多社會科學家），部分原因是它違反直覺。那些最容易感到壓力的人怎麼可能是出類拔萃之人呢？這也是用語問題。我們有很多說法用來描述那些比較容易受到壞事影響的人，或者說，比較容易受到保護的人。那要怎麼稱呼因為好事獲得額外好處的人呢？進行過草原田鼠研究並指導普盧斯的貝爾斯基，甚至詢問了會八種語言的同事是否有個詞語來描述。最接近的答案是「幸運」。

這就是為什麼貝爾斯基和普盧斯創造出「優勢敏感性」一詞，也是為什麼我們提出「敏感的提升效果」這個不那麼專業的名稱。敏感族群可以從對於任何人都有益的事物中得到更大的提升：良師益友、健全的家庭、積極正向的朋友圈。如果在正確的方向給予一點鼓勵，這種提升能使他們做得更多、走得更遠。敏感族群天生適合超級成長。

敏感方程式的兩部分都讓人想起了史普林斯汀的成長經歷。一方面，在脾氣暴躁和不認同自己的父親身邊長大，確實是我們知道會增加敏感性的那種創傷（在某種程度上，他父親試圖讓他變得更堅強，也許反而讓他兒子變得更敏感）。史普林斯汀的母親愛黛兒（Adele）

則不同。她是一名法務秘書，是家裡的經濟支柱，也是年輕的布魯斯在混亂生活中的一股穩定力量。據布魯斯所說，愛黛兒善良、富有同情心、懂得體貼他人感受。她也很會鼓勵別人。例如，當他認為自己可以成為搖滾巨星時，母親東拼西湊籌夠錢租下他的第一把吉他。那次早期的嘗試起步失敗，讓他實際上放棄了音樂，直到幾年後找到更好的導師才重新開始，但正是這樣堅定的支持，讓敏感性得到最大的回報。

過去未必是阻礙

布魯斯．史普林斯汀的職業生涯橫跨六十年，他贏得了奧斯卡獎、東尼獎、二十項葛萊美獎等等。《滾石》雜誌稱他的二〇〇九年超級盃中場秀是有史以來最精彩的表演之一。他進入了搖滾名人堂，亦是舉世聞名、收入最高的音樂人之一。他的父親道格拉斯活著見證他走紅歌壇。最終，布魯斯發現他和父親的共同點比想像更多。道格拉斯也許外表是彪形大漢，但內心裡卻「藏有溫柔、膽怯、害羞和空想的不安全感。」他注意到，父親也很敏感，只不過隱藏了起來。他在回憶錄中寫道，這些特質都是年輕的布魯斯「對外展現出來的……。這樣很『軟弱』，而他討厭『軟弱』。當然，他從小被教育成『軟弱』的人。就像我一樣，是個媽寶」。然而，道格拉斯將自己的敏感性埋藏在啤酒和拳頭之下，布魯斯卻接納了敏感性，並因此走向巔峰。

儘管他取得了非凡的成功，一個問題仍然困擾著他：他是誰？經過這麼多年，他還是不知道。他說，布魯斯・史普林斯汀是「一種創作」，是一種始終「流動」的東西。他告訴《君子》雜誌，「你和所有人一樣都在尋找。無論你花了多久時間去追尋，身分認同都是一件棘手的事。」更重要的是，為什麼他會變成現在這樣？DNA會永遠主宰他的生活嗎？

就像史普林斯汀一樣，你可能也問過自己同樣的問題。你為什麼會變成現在這樣？是DNA的關係嗎？還是你的人生經歷？我們現在知道，答案是兩者皆有。

但還有另一個答案。史普林斯汀告訴我們，我們並沒有被過去無法控制的經歷所束縛。你可能有過平凡的童年，或甚至遭受過虐待。但現在，多虧「敏感的提升效果」，你有了自己的力量，比不太敏感的人更大的力量，來塑造自己想要成為的人。史普林斯汀善加利用了這股力量。在三十幾歲和六十幾歲經歷過兩次精神健康危機後，他轉向心理治療和自我分析。正如他所發現的那樣，他的童年讓他走上了一條道路，但他的敏感性讓他有能力改變它。換句話說，他的敏感性是種天賦。

第3章 五個敏感性天賦

「擁有天賦並不代表你得到了什麼，而是表示你擁有可付出的東西。」

——伊恩・湯瑪斯（Iain S. Thomas）

當珍・古德（Jane Goodall）在二〇一四年接受美國公共電視網（PBS）的專訪時，她已經是一位名人。她抱著一隻毛茸茸的黑猩猩，撫摸著牠的毛髮，她是生物學界最重要的人物之一：這位女性不僅進行了數十年的開創性研究，還拉近了生物學與公眾想像之間的距離。她是第一位展示黑猩猩極其人性化的行為和情感的人，抹去了曾經存在於人類和「無靈魂」動物之間的界線。如果你曾經看過大猩猩可可（Koko）使用手語進行溝通，那一部分要歸功於珍．古德。如果你曾經認為人類可能從靈長類動物進化而來，那也有一部分要歸功於珍．古德。

但如果你問珍．古德是什麼讓她能夠做出如此開創性的工作，她不會說是她的學術訓練。她一開始從未上過大學，只是來到非洲，跟著她聯絡過的一位教授做事。而且，她對黑猩猩也沒有特別的熱情（至少一開始沒有）。儘管她從小就崇拜像《森林王子》（*The Jungle Book*）中的毛克利（Mowgli）這樣的角色，甚至有一隻名為祖柏利（Jubilee）的絨毛黑猩猩玩偶，但她之所以選擇研究黑猩猩，是因為她問過自己的導師，在哪裡可以發揮最大的貢獻。那位導師就是人類學家路易斯．李奇（Louis Leakey），他相信黑猩猩能夠讓我們更瞭解人類本性，而珍．古德將他的建議銘記在心。

那麼在沒有接受正式訓練的情況下，是什麼讓珍．古德能夠卓越呢？那就是她的個性，具體來說，是她看待她的研究對象黑猩猩時那種溫暖和富有同情心的方式。在那個時代，其他科學家是給動物編號，珍．古德卻幫牠們取名字。珍．古德在接受訪談時說：「有人告訴我，妳必須給牠們編號，因為身為科學家必須客觀。而且，妳不能對研究對象產生共鳴。我認為這就是科學出現問題的地方。」其他科學家保持距離，作為超然的觀察者；珍．古德則贏得了黑猩猩的信任，與牠們同行。

結果令人驚嘆。例如，黑猩猩的築巢行為從遠處看似不高明，但在珍．古德近距離的觀察下，看起來更像是人類的怪癖。一隻名為麥格斯夫人（Mrs. Maggs）的母黑猩猩在決定安頓下來之前，會先小心翼翼地測試樹梢上的樹枝。珍．古德寫道，人們在檢查飯店床鋪也是這樣。會不會太硬、太軟、太凹凸不平？應該要求換間房嗎？

珍．古德甚至開始能懂黑猩猩的幽默。有一天，她沿著懸崖邊走路時，一隻公黑猩猩突然從灌木叢衝出來，直接朝她撲過去。其他任何生物學家可能會做好防禦措施，避免被推下去，並將此事件記錄為一次攻擊。然而，珍．古德知道這隻公黑猩猩是個搗蛋鬼。她假裝驚慌的樣子，這隻黑猩猩也突然停下來，雙方都以各自的方式「笑」了起來（黑猩猩的笑聲在我們聽來像是刺耳的呼吸聲）。這隻黑猩猩重複這個惡作劇總共四次，就像一個幼兒園小朋友，不停重複講自己最喜歡的笑話。牠從未碰過珍．古德一次。

珍．古德沒有什麼指導手冊，只不過做了她覺得很自然的事情，慶幸的是，那就是同理心。另一位未經訓練的觀察者，可能會先入為主以形體特質來辨識黑猩猩，或者生活在對下一次攻擊感到害怕的恐懼之中。有些未經受訓的人甚至可能試圖用武力控制黑猩猩，成為科學史上的可怕故事之一。但是珍．古德的個性卻有不同的默認反應模式：保持溫暖和開放的態度，花時間理解人們（和動物）的感受，並以你希望自己被對待的方式對待每個人，包括黑猩猩。「同理心真的很重要，」她說。「只有當我們的智慧和情感同心協力時，我們才能發揮真正的潛力。」

儘管她的方法獲得了成功，但說她的方法遭遇阻力實在是輕描淡寫。當時，以任何方式將動物擬人化，即使只是幫牠們取名字，都是被禁止的行為，可能斷送科學家的職業生涯。當時的科學界認為，假設任何動物具有與人類相同的內在感受，無論牠們的行為如何，都是一種極大的偏見。敢於提出相反的偏見，也就是生物學家可能忽略了動物的真實情感，實際上是不允許發表的。即使在今天，繼承了珍．古德工作的可敬研究人員，也必須謹慎行事，正如靈長類動物學家法蘭斯．德瓦爾（Frans de Waal）在二〇一九年的一次訪談中所解釋的那樣。他說，如果你對黑猩猩搔癢，牠們會笑，就像珍．古德發現的一樣，但是他的同事們仍然不會使用「笑」這個詞，而是會說黑猩猩發出了「喘息聲」。

珍．古德看不出用這種方式抹去她研究對象的內在生活有什麼價值。即使在她最初的研究工作遭受批評後，她仍繼續研究靈長類動物的情感、社會，有時還研究類似於人類的方面。畢竟，她認為，牠們的情感是真實的，可以觀察和記錄。因此，她的同理心和開放性與她的科學工作並不矛盾。反而提升了她的研究。

現在我們知道，珍．古德的作法改變了科學史。她的研究不僅對靈長類動物學家大有裨益，也影響了生態學和萌芽中的環保科學。正如她的導師所預見的，她的研究幫助我們理解我們身為人類的遺產。很少有科學家可以說他們在創造多種新學科的同時，也徹底改變了其他學科——但是珍·古德可以。如果有人說服她不要那麼在乎，那麼她所有的貢獻都會被抹掉。

除了我們在第二章中描述的**敏感的提升效果**外，你的敏感性還讓你擁有五種獨特的天賦。珍·古德展現了敏感性最強大的天賦之一：同理心。其他四種分別是創造力、感知智慧、深度處理和深度情感。所有這些天賦最終都建立在你與生俱來的環境反應能力之上。

你在讀到這些天賦時，切記你可能不會完全認同這五種天賦。這是正常的——身為敏感族群，你可以接觸到所有的天賦，但生活經驗可能會讓你特別發展其中某些天賦。然而，每一種天賦本身都是一筆財富，每一種都能給你帶來優勢。

同理心

「**同理心**」是現代新創的詞，源自美學領域，研究是什麼讓藝術變美的學問。僅一個多世紀前，德國哲學家們辯論著一幅藝術作品如何能夠引發你的情感，因為它只是一堆形狀和顏色的集合。他們的最佳理論認為，你可以「感覺進入到」藝術裡頭——「Einfühlung」，或稱同理心——將你自己的情感觀點帶入你所看到的事物中。因此，當你凝視一幅畫時，你可能會想像如果是你自己創作了它，或者如果你置身在畫中，將會有怎樣的情感，而且你會感受到與藝術家可能感受到的類似情感。同理心告訴我們，情緒可以像其他訊息一樣透過感官傳遞。不久之後，這一概念就躍身成為新興的心理學領域。如果你可以「感覺進入到」一件藝術品裡頭，那麼你肯定也可以「感覺進入到」一個人的內心。

敏感的人具有豐富的同理心，這種差異可以在腦部掃描中看出來。在第一章討論的一項研究中，參與者觀看了人們微笑或顯示悲傷表情的照片。有些照片是陌生人，但也有些照片是參與者的戀人。從腦部層面來看，每個人都展現出一定程度的同理心效應，特別是面對悲傷的摯愛者，但最敏感的參與者在與意識、同理心和與他人相關聯的區域都顯示出更多的大腦活動，即使看到陌生人的照片也是如此。敏感族群大腦中與行動規劃相關的區域也出現亮點。這表明，就像敏感的人經常自我報告的那樣，他們看著陌生人痛苦時無法不產生強烈的幫助欲望。看來，敏感族群是同理心的頂級運動員。

珍．古德成功也是得益於同一特質。談到高同理心人士的力量，雖然珍．古德的故事看起來不可思議，但這正是我們應該期望的。近幾十年來，越來越多的研究人員開始關注這個曾經不被重視的人類特質，他們的工作已經帶來了一系列突破性發現。例如，同理心既是基因遺傳來的（有些人擁有比其他人更多的同理心），也可以經過傳授（每個人都可以學會擁有更多的同理心）。但也許最重要的發現是，同理心是兩項最重要的人類活動的根源：它驅使我們的道德，並推動進步。

同理心的反面

心理學教授艾比蓋爾．馬許（Abigail Marsh）親眼目睹過同理心的力量。她在經歷一場車禍後開始研究同理心，當時一位陌生人為了救她的命，冒著生命危險摸黑穿越四線道高速公路。二十多年後，馬許與喬治城大學（Georgetown University）的一個團隊合作，證明了高度利他主義者（就像她形容救她的那個人）的大腦與「普通人」的大腦有所不同，而這種差異主要體現在同理心上面。

但馬許並沒有從觀察這些高度同理心的個體開始她的研究，她先去尋找的是完全沒有同理心能力的人。

她知道，低同理心的一個極端例子是典型的心理變態者（psychopath）。這並非臆測：經診斷為心理變態的人擁有較小、活化程度較低的杏仁核，杏仁核是大腦中辨識他人恐懼或疼痛跡象，從而產生同理心的部分。雖然心理變態者如果專注於此，確實有能力產生同理心，但神經影像數據顯示，他們的同理心系統預設狀態為「關閉」。這與我們其他人恰恰相反。大多數人必須集中精力才能不受他人痛苦的影響，而心理變態者則必須努力才能受到影響。

缺乏同理心是心理變態者讓人感到毛骨悚然的主要原因。他們往往性格冷漠，缺乏幫助他人的渴望。雖然並非所有心理變態者都會犯罪，但他們容易陷入反社會、冷酷無情，甚至絕對暴力的行為。法庭案例證實了這一點：心理變態者只占總人口數的百分之一，卻占聯邦監獄囚犯的百分之二十五。

心理變態者代表了同理心量表的低分組。那麼高分組看起來怎樣呢？高度同理心是否也伴隨著某種嚴重的疾病？完全不是。事實上，情況正好相反：同理心程度最高的人不僅健康，而且往往能夠做出非凡的憐憫行為。如同拯救馬許一命的那位陌生人，這樣的人不僅僅是受到理想所驅使，事實證明，他們感知他人痛苦的能力比一般人更強，且具有更強烈的關懷意識。從許多方面來說，同理心是善與惡之間的區別。

這種品質也是人類生存可能所需的關鍵特質。正如史丹佛大學的保羅·埃力克（Paul R. Ehrlich）和羅伯特·歐恩斯坦（Robert E. Ornstein）在他們的書《鋼索上的人性》（*Humanity on a Tightrope*）中警告的那樣，除非有越來越多人學會設身處地替人著想，否則人類文明可能難以延續下去。他們指出眼下許多最嚴峻的問題，如種族主義、全球暖化和戰爭，都是由一種「敵我對立」的危險心態造成的，這種心態使人們分裂而非團結。同樣地，為《紐約時報》撰稿的克萊爾・凱恩・米勒（Claire Cain Miller）形容我們生活在一種「同理心赤字」狀態裡。「我們越來越生活在封閉的小圈子裡。無論是外貌、投票傾向、收入水準、花費習慣、教育程度還是宗教信仰，大多數人都與那些和自己相似的人來往。」她認為，這種同理心赤字是「我們許多大問題的根本原因。」這就是敏感族群可以發揮他們同理心天賦的地方——這要歸功於他們大腦中非常活躍的部分。

被誤解的鏡像神經元

十八世紀的哲學家亞當・斯密（Adam Smith）聽到這些發現應該不會感到意外，因為他也想知道是什麼讓人類的行為具有道德性。斯密認為，答案可能在於我們模仿彼此的能力。就像我們可以模仿別人的行為一樣，他認為我們也可以模仿別人的感受——在心理上模擬別人經歷的事情。我們利用這種能力來評價彼此，無論是好是壞，但我們也可以反過來做：我們可以想像別人會如何評價我們。斯密認為，這種能力就是我們判斷是非對錯的方式。能夠博得想像中的觀眾認可的行為一定具有道德性，而會引起反感的行為一定不道德。在他看來，人類的良知建立在我們模仿他人感受的能力之上。與斯密同時代的大衛・休謨（David Hume）對此也表示同意，但他說得更簡潔有力：「人的思想是彼此的鏡子。」

斯密的理論在當時引起爭議，但現在我們知道它基本上是正確的。這就進入到神經科學中最流行，也經常被誤解的概念之一：鏡像神經元。鏡像神經元是大腦中的運動細胞，可以幫助你移動身體。但他們也擅長模仿其他人的動作，進而模仿其他人表達的情緒。想像一下：如果有人盯著你的左邊看，你可能也會看向那邊。如果他們皺眉頭，你可能會開始感到困惑。這些特化的腦細胞被認為可以解釋語言、文明的誕生，甚至是超自然能力。（史蒂芬・金〔Stephen King〕利用這個概念來塑造《城堡岩》〔*Hulu's Castle Rock*〕中的角色莫莉，莫莉的同理心能力伴隨著令人不安的幻覺，她只能用非法止痛藥來勉強控制這種幻覺。）

但其實不需要想得太複雜。從這項研究中可以清楚看出，那些自述最具同理心的人，其鏡像神經元也更加活躍，其中包括敏感族群。正如斯密預測的那樣，我們模擬感受的能力與模擬身體姿態的能力密切相關。這種關聯性可以在實驗中看到，參與者嘴裡含一枝鉛筆，阻礙他們模仿臉部表情的能力。他們猜測別人情緒狀態的能力就會立即變差。

至於鏡像神經元系統是不是道德的核心，答案似乎也是肯定的。馬許的研究顯示，即使要付出高昂的代價，無私的利他主義者也會不遺餘力地幫助別人，他們往往是擁有高度同理心的人。對比心理變態者是「惡魔」，他們是「天使」。大量研究證實了這一點，一般來說，高度同理心或鏡像神經元活動，與各種親社會行為有關。連新興的英雄主義科學領域，即研究是什麼使人類做出無私的英勇行為，也加入了討論行列。這一領域的研究人員發現，同理心是人們冒著生命危險或事業危機來幫助他人的關鍵因素。

人類進步的基石

同理心的力量強大，它不僅推動人類道德，更是人類成就的關鍵。因為創新主要是群體活動，它需要思想交流，而同理心就是這種交流的潤滑劑。要看到這種效果的實際作用，你只要看看古老的亞歷山大圖書館（Library of Alexandria）就行了。大多數人知道這座圖書館是因其大量書籍在歷史上被焚燒而聞名，然而，很少有人提到的是，它不只是一座圖書館，還是一個智庫，匯聚了代表無數文化的優秀人才，帶來的研發成果令人驚嘆。到西元前二世紀，亞歷山大圖書館的研究人員發明了氣動力學，製造了自動倒酒的侍者，正確計算出地球的周長（他們說地球是圓的而非扁平的），創造了當時世界上最精確的時鐘，製作了計算立方根的裝置，並發明了一個尋找質數的算法——早在比特幣流行之前就開始挖礦了。推動這些偉大的進步都是透過匯聚多元觀點的行為，而這種行為需要同理心。

最後，羅馬人接管亞歷山大，並且將其思想家遷往其他地方。每位富有的貴族都想要一位亞歷山大的天才來指導自己的孩子，所以學者們分散到各地。這些知識分子繼續進行他們的研究，但由於與其他觀點失去了密切交流，這些歎為觀止的發明大多停擺了。

由此可見，同理心有助於推動成功。劍橋大學研究學者西門．拜倫柯恩（Simon Baron-Cohen，知名演員的親戚）認為同理心是「萬能溶劑」，一部分的原因正是這種同理心、進度和成功之間的關聯。他表示，在任何情況下，同理心都能改善結果，因為「任何問題只要沉浸在同理心中都能迎刃而解」。因此，敏感族群如果學會如何有效發揮同理心，就有望對世界產生巨大影響。

創造力

敏感的藝術家形象會變成老套的既定印象並非空穴來風：這是有根據的。能夠注意到更多細節、建立更多聯繫，並且深入其境地感受情緒的心靈，幾乎完全符合創造力的要求。這並不表示所有敏感的人都是創作者，但確實有很多創作者屬於敏感族群，與他們合作過的人都可以證實這一點。

俄羅斯醫學科學院（Russian Academy of Medical Sciences）的研究員尼娜・沃爾夫（Nina Volf）決定對這個觀察進行測試。沃爾夫收集了幾種測試方式，以評估語言和視覺創造力，重點在於觀察一個人的想法有多原創性，而不僅是他們能夠想出多少個點子。例如，給予受試者幾組尚未完成的圖，要求他們用這些圖來完成獨特的畫作。重要的是，她同時採用「硬性」的量化標準（資料庫中其他人提供類似答案的頻率是多少？）和「軟性」的主觀印象（三位評審組成的小組如何評價作品的原創性？）。然後，她對六十個人實施這項嚴格的測試，之後進行DNA樣本檢測。結果是：擁有與敏感性相關的短版血清素轉運體基因者在所有測量標準上都更具創意。

令人更感興趣的疑問是**為什麼**他們更有創意，而答案與創造力如何發生在認知層面上有很大關係。確實，創造力很難定義，關於創造力如何產生的有很多理論。所有理論都承認智力在其中發揮了一定作用，而且都像重視才華或技能一樣重視原創性——也就是說，完美複製他人的畫作不會被當作具有創造力。

然而，有一個科學家們廣泛討論的著名理論，於一九六〇年代由作家兼記者亞瑟・柯斯勒（Arthur Koestler）所提出。柯斯勒認為，當你融合兩種或更多不同的參考框架時，真正的創造力就會產生。你可以在任何隱喻或鼓舞人心的啟示中看到這個原則的運用，例如「人都是由星塵組成」這樣的陳述，既是科學事實，也是對更高命運的呼喚。柯斯勒深知這種視角轉換的力量，因為這就是他的生活方式。他出生於布達佩斯，接受奧地利教育，並歸化為大不列顛公民；與此同時，他早年熱衷於共產主義，晚年則撰寫反蘇聯宣傳文章。他不禁注意到這些跨越邊界的經歷——無論是字面上和其他意思——都對他產生原創想法的能力帶來了影響。柯斯勒的經歷或許可以解釋，為什麼那麼多備受讚揚的創意人士擁有類似的多元文化生活故事，而且有更多的人把時間花在旅行和國外生活上。你的生活視角越豐富，越能吸取並結合更多的視角，創造出新的東西。

柯斯勒的理論還解釋了敏感族群和創造力之間的關聯。敏感族群的大腦具有在截然不同的概念之間建立連結的能力，即使不去外面，也能夠融合各種不同的概念和觀點。敏感族群或許是終極的通才，他們不是從科學、詩歌、生活經驗或希望與夢想的角度思考問題，而是從貫穿所有主題的角度來思考。許多敏感人士也是這樣說話，他們往往會使用隱喻，並將不同的主題連接在一起來表達自己觀點。這樣的說話方式或許會讓純粹主義者感到不安，但這不僅是偉大藝術家的習慣，也是像卡爾・薩根（Carl Sagan，說出上文那句「星塵」名言的人）這樣優秀科學家的習慣。

如果你是一位敏感的人，你可能會也可能不會從事創意工作，你可能有也可能沒有與「創意」相關的休閒嗜好，但你擁有展開這些活動的原始構成要素。（有一位名叫伊莉莎白的敏感人士告訴我們：「我從來不認為自己比別人更具創意，但後來有太多朋友告訴我，他們不知道我是怎麼想出那麼多東西的。我從未想過他們做不到我能辦到的這些事情。」）這種創造力並不是單獨發揮作用的，而是建立在以下三種敏感性天賦之上——感知智慧、深度處理和深度情感——三者共同構成了創造性思維。

聽聽他們怎麼說：身為敏感族群，你認為自己最大的優勢是什麼？

「身為一位高中老師，我可能站在學生中間，甚至沒有面對所有學生，但我能感受到他們的情緒狀態。青少年總是心事重重！我知道該說什麼，避免說什麼，讓每個人在我的課堂上都能感到安心。」

——柯琳娜（Corinne）

「我是內科醫師，我注意到病人之前的醫師忽略的細節，使他們健康狀況診斷和管理得到了改善。我由衷關心我的病人，我的病人表示他們能感受到這一點，而且很感激。」

——喬伊斯（Joyce）

「我的最大優勢是同理心和憐憫。我注意到自己能夠在他人感到痛苦時給予適當的支持，同時保持自己的精力和能量不被消耗殆盡。我將這些技能應用在輔導、訓練和寫作方面。」

——蘿蕊（Lori）

「我對群體有一種不可思議的直覺：誰擁有權力，群體的互動關係在哪裡，群體的想法何時轉變，以及個人想要什麼與群體想要什麼。在我的工作上，由於這種『超能力』，我總是比公司的重大決策或行動提前幾步，有助於我的事業升遷。」

——泰瑞（Tori）

「身為敏感族群，我總是能敏銳察覺到環境中的壓力和刺激物，並且對身邊人的情緒非常敏感，所以我能感覺到誰正在煩惱。因此，我總是努力使我的環境溫暖、舒適且宜人，有人說我的個性也是如此。別人在我身邊會感到自在；他們經常向我敞開心扉，但換作別人，他們可能做不到。即便只是超市裡的陌生人，最終也會向我傾訴他們的人生故事、心事與煩惱。」

——史蒂芬妮（Stephanie）

「我的才能是，有時會被世界的美麗和善意感動得痛哭流涕。」

——雪莉（Sherry）

「我是藝術家。我不僅能欣賞日出，還能感受到日出之美！」

——麗莎（Lisa）

感知智慧能力

感知智慧是指更加留心你周遭的環境，並且能夠利用這些知識來做出更多的行動。你可能會更加關注感官細節本身（比如一幅畫的質地或程式中缺少的括號）或它們的涵義（昨天下雨，所以我散步時地面會泥濘不堪）。任何人都能注意到這些事情，但敏感族群更容易在各種情況下注意到這些事情，你可以稱之為「敏銳」。（正如一位敏感人士告訴我們的，他把自己看成是「通電的電線」，能夠接收每一個信號。）這種洞察力可以從平凡到真正影響深遠的方面。不只一位敏感人士因為注意到一個令人困擾的細節，而使雇主免於一場重大災難。

在某些情況下，這種能力似乎顯得很神祕。舉例來說，想想日本B級電影《盲劍客》。盲劍客雙目失明，但他總是能夠分辨自己在賭博時是否被騙，因為他能聽出骰子落下的聲音區別（憑藉超強的感官，他總是能在接下來的劍鬥場面中獲勝）。當然，這只是虛構故事；實際上，盲人並沒有超強聽力。他們只是以不同的方式使用大腦，關注那些視力正常的人可能聽到但會過濾掉的細小聲音。在某種程度上，敏感族群可能以類似的方式運用所有五種感官。

有時，這種敏感程度可能是一種負擔——沒人想要注意到辦公室裡每一股古龍水的味道——但它也可能帶來驚人的結果，就像一位名叫珊妮塔・拉斯道斯卡（Sanita Lazdauska）

的愛爾蘭女士親身體會到的那樣。有一天早上，她醒來時發現丈夫的呼吸不太一樣——他睡覺經常打呼，但那天聲音聽起來有些異常。於是她查看他的情況，發現他臉色發青，心臟驟停。拉斯道斯卡執行了三十分鐘的心肺復甦術，直到急救人員趕到現場。很少人會因未察覺呼吸變化異常而醒過來。如果她沒有發現到他的睡覺聲音有點不同——或者那天早上對異常的聲音沒有太在意——他可能就會在睡夢中離世。她敏銳的感知智慧救了丈夫一命。

這種獨特的智慧形式是過度刺激的反面。敏感族群在繁忙的環境中確實可能超出負荷範圍，因為他們接收了更多周圍環境的訊息。但大多數時候，他們的高度警覺不會導致超出負荷，反而還是一種優勢，尤其是如果他們一開始就採取措施避免過度刺激——這將留待第四章討論。

感知智慧在許多領域都是一種資產。例如，在軍事領域，感知智慧被歸納為情境警覺（situational awareness）——即知道並理解周圍發生了什麼的能力——這是在戰鬥中保障自己和部隊生存的關鍵。實際上，情境警覺在任何涉及安全的職業中都受到重視：這是確保飛機不墜毀、核電廠不發生熔毀、犯罪案件得以偵破的主要原因。遺憾的是，反之亦然。事實證明缺乏情境警覺是導致人為錯誤事故的主要原因，例如醫院把抗凝血劑施打在錯誤患者身上。（這件事確實發生過，現在醫學文獻使用這個案例來訓練醫院工作人員，以提高情境警覺能力。幸好該事件患者並無大礙。）

同時，在運動比賽中，感知智慧被稱為**場上視野**。這是一種理解整個比賽場地狀況的能力，就像西洋棋大師觀看棋盤的那樣觀看比賽的能力。場上視野不僅能決定了好球員和偉大球員之間的差異，也決定了普通教練和傳奇教練之間的區別。研究人員發現，經驗不足的教練往往關注在足球傳球或籃球上籃等技術性技能，而有經驗的教練則重視球員的場上視野，因為這是球員能夠傳給正確的人或站在正確位置進行投籃的技能。換句話說，在一位優秀教練的指導下，相對不敏感的運動員會被訓練出一種敏感運動員與生俱來的技能。

如果你看過前冰上曲棍球明星韋恩．葛瑞斯基（Wayne Gretzky）在冰球場上的表現，你就會看到場上視野的作用。人稱「the Great One」的葛瑞斯基自一九九九年退役以來，仍然是冰球史上進球最多、得分最高和助攻最多的球員。然而，他沒有一項符合正常職業球員的標準。葛瑞斯基動作緩慢、身材嬌小、瘦弱，沒有任何攻擊性，如果被撞到就會立即跌倒。不過，一旦站上冰球場，葛瑞斯基就能預見未來五秒內每個人的位置在哪裡。他解釋：「我對隊友的位置有一種預感。很多時候，不用看就可以轉身傳球。」他的場上視野開闊，也就是我們所謂的感知智慧。這項技能使他變成非常有價值的球員，所以有一名隊友在冰球場上擔任他的非正式保鏢，阻擋對方球員接近葛瑞斯基，讓這位知名的中鋒能夠把球傳到應該去的地方。

美式足球四分衛湯姆·布雷迪（Tom Brady）也是如此。他跑得很慢，但其他球員形容他擁有「蜥蜴眼」（lizard eyes），因為他比賽時彷彿能看到自己兩側和身後的情況。布雷迪非常感性，談到自己雀屏中選的那一天感動到流淚，如此感性的他仍帶領球隊贏得了七次超級盃冠軍，公認是史上最偉大的四分衛。

葛瑞斯基和布雷迪之所以能在世界上速度最快、最殘酷的兩項運動領域中成為頂尖運動員，是因為即使在這樣的環境，敏感屬性的運動員也能受到青睞。事實上，從護理人員和藝術家等「看似」敏感的職業，到體育運動和警察等粗曠的職業，擁有感知智慧能力幾乎在生活的所有領域都是有回報的。感知智慧常常被那些缺乏這種能力的人所低估，但如果你本身很敏感，你就會擁有其他人所缺乏的內建雷達。

深度處理訊息

敏感族群不光是接收更多的訊息，他們對訊息的處理也更加複雜深刻。在第一章中，我們了解到敏感族群的大腦以更詳細的方式處理所有訊息，但我們沒有深入研究這種深度處理如何使敏感族群與眾不同。想像一下有兩位稅務會計師：第一位會輸入你的數字，確保數字相加無誤，然後將報表提交給政府。完成。第二位會計師則更進一步。他檢查證明文件，確保沒有遺漏任何內容。他會告訴你其他節稅辦法。他還會仔細檢視所有可能啟動稅務機關調查的潛在風險。你想請哪一位會計師幫你報稅？

如果你比較喜歡第二位會計師，那麼你就會明白較深度認知處理的價值。當然，只要專注，任何人都可以把事情做得周詳完善，但是，如同感知智慧能力，深度處理是敏感族群大腦的預設狀態。這種能力通常以幾種方式表現：

- 更謹慎、通常更好的決策。
- 周詳且廣泛的思考。
- 將不同主題和想法之間的關聯點巧妙連接。
- 偏好深度、有意義的思想和活動。
- 對一個想法進行深入挖掘，而不僅是表面分析。
- 令人驚訝的原創想法和觀點。
- 經常能正確預測某事的發展或某個決定的影響。

深度處理不僅適用於像報稅這樣冗長複雜的任務，在人類和猴子身上，擁有敏感基因的個體在各種心智任務中的表現都優於他人。例如，在一項研究中，專門訓練猴子使用觸控裝置，一邊輕輕點擊一邊啜飲水，表現好的時候還會得到水果點心當作獎勵，有點像使用學習應用程式的幼童。這些猴子迅速摸索出如何獲得最多點心的方法，成功完成了一系列任務，如評估概率、注意到模式變化，以及足夠的觀察力以把握極小的勝利。我們很快就發現，敏感性對這些心智任務是一種優勢。更敏感的猴子不僅表現更好，獲得更多獎勵，而且還展現出與敏感族群人類相似的大腦差異。

因此，深度處理可以帶來更好的決策，尤其是在面對風險和概率的時候。這種天賦在工作、人際關係和重大人生選擇中都是無價之寶。不太敏感的人可能在你需要思考再三才能決定時感到不耐煩，但他們應該學會等待，那短暫的停頓是你的思緒在進行深度處理的時候。在許多方面，敏感族群的思考方式像軍事戰略家，考慮所有角度以求最大程度提高獲勝的機會。這種傾向能帶來驚艷的結果，也是為什麼敏感族群能成為優秀領導者的原因之一（第九章將更詳細談論）。

當然，這樣的直覺不是什麼魔法巫術，敏感族群也可能像其他人一樣失誤。但敏感族群會投入更多心智資源以確保做對事情。

深厚的情感

深厚的情感或許是最容易被誤解的天賦。平均而言，敏感族群確實比其他人擁有更強烈的情感反應。你可能根本不認為這是一種天賦：如果你是情緒比較強烈的人，那麼憤怒、傷害和悲傷對你來說都是強烈的體驗，有時甚至可能壓垮你。但是，深沉而強大的情感也表示你能以別人難以掌握的語言表達自己和解讀他人的情感，像是一把通往人類靈魂的鑰匙。

這種天賦的來源可能是大腦中一個叫做「腹內側前額葉皮質」（**ventromedial prefrontal cortex, vmPFC**）的中樞區域，位於額頭後方數英寸的地方，大小和形狀與舌頭差不多，是匯聚情感、價值觀和感官數據訊息的十字路口。我們之所以認為花是浪漫的象徵，而不只是五顏六色的植物，就是因為腹內側前額葉皮質。

腹內側前額葉皮質在任何大腦中都是勤奮工作的區域，但對於敏感族群來說，它比傑克森．帕洛克（**Jackson Pollock**）的畫布還要繁忙。這種高強度的活動給世界增添了深度色彩，使得敏感族群以更豐富的情感調色板看待生活。這種生動性有時可能讓人感到困擾（有人想要體驗更強烈的悲傷嗎？請舉手），不過，它也帶來了許多好處，尤其是在智力和心理健康方面。早在一九六〇年代，精神病學家卡齊米日．東布羅夫斯基（**Kazimierz**

Dąbrowski）就提出了情緒強度和高成就潛力之間的關聯性理論。他的研究指出，天才往往「過度興奮」（overexcitable），或者身體和情感等各方面都很敏感。他認為，資優兒童通常被指責過度反應，但其實他們只是更敏銳意識到自己的感受。他發現，許多資優兒童會對自己的感受進行完整的內在對話——並非每個人都會這樣做——而且他們受到同理心和人際關係所驅使，所以情緒對他們來說是更大的關切點。東布羅夫斯基甚至認為，情緒強度是個人成長達到更高階段的關鍵，也就是我們今天所謂的自我實現。

與天才學生合作的教育工作者得以直接觀察到這種情緒強度，許多教育工作者都同意，知識涵養豐富的人往往也擁有豐富的情感生活。這種關聯性的一種可能解釋與記憶有關：情緒強度越大的經歷，日後越容易回想起來，所以情緒越豐富的人（敏感族群）可能最容易吸收和整合新訊息。

不過，今天我們更傾向於關注另一種不同的智慧：情商。需要澄清的一點是，情商是一種技能，而非天生具備的能力。就像身高並不會自動讓一個人成為籃球好手一樣，敏感也不會自動賦予你高情商。但如同季後賽的球員體格，身高確實有點幫助，所以情商也包括一些確實屬於敏感族群優勢的組成部分。例如，敏感族群往往具有很高的自我意識；他們會注意並關注自己的情緒，花時間思考當下和事後的感受。而且，他們很容易判讀和洞察他人的情緒，只需一點努力即可實現高情商。這種努力是值得的：情商已經證實有助於改善心理健康，提高工作表現和領導能力。如果善加利用，你的情緒化能夠推動你達到新的高度。

強烈的情感還有其他好處。首先，它能加深人際關係，亦能給你一個影響他人的強大方式。如果你是敏感族群，那麼深沉的情感就是你成為良好聆聽者的原因，也是人們自然而然地信任你的原因，以及為什麼朋友圈中任何人需要建議時你可能是最值得信賴的首選。透過練習，深厚的情感甚至可以讓你把人團結起來，為共同理念而凝聚在一起，這就是社會運動的基礎。例如，世人認為馬丁．路德．金恩屬於敏感族群。

在個人層面上，深厚的情感亦能讓你以豐富的方式享受生活。在評估情感反應的研究中，敏感族群經證實對各式各樣的經歷，無論正面還是負面，都有更強烈的反應。幸運的是，通常是正面的經歷引起的反應最大。這也許可以解釋為什麼敏感族群通常擁有崇高的理想，與他人建立堅固的關係，並從生活中的小事獲得極大的喜悅，特別是來自美的事物，比方說在陽光明媚的秋日裡，落葉滿地的街道或街頭藝人演奏的一首曲子。

儘管擁有強烈情感的天性帶來了挑戰，它也使你與眾不同。例如，有一位不太敏感的匿名音樂製作人幾乎是以敬畏的眼光在看待敏感的音樂家。他描述自己如何把情感想成「看不見的世界」。他可以在工作中看見情緒的影響——有些東西在看不見的世界裡移動，然後，莫名其妙，一筆交易就落空了——但他無法看到因果關係，也無法預測某種行動會產生什麼樣的情感漣漪。（他說，和他一起工作的那些敏感音樂家幾乎可以像先知一樣窺探那個世界。）由於無法讀懂情緒，製作人就像大多數人一樣，感覺自己被任由情感擺布。敏感族群是例外：他們能看到那看不見的情感世界。

回想一下第二章討論過的布魯斯．史普林斯汀，你就會發現他在作品裡展現出來的種種敏感性天賦。你會在他的音樂裡、在他描繪輸家和孤獨者的故事中，發現同理心、創造力和深厚的情感。只要聽聽《雷霆之路》（*Thunder Road*），你就能親身體會，這首歌講述一個「不是英雄」的男人偶然結識了一個「不再年輕」的女人，享受最後放縱的時光。史普林斯汀聽音樂的方式甚至與大多數聽眾不同，而且他對音樂的理解非常深入。在他還是小男孩的時候，引起他興趣的是那些歌手的聲音聽起來既快樂又悲傷的唱片。他說：「這種音樂充滿了深深的渴望，一種隨意超然的精神，成熟的順從和……希望……這是對某個女孩、某一刻、某個地方和某個夜晚的期望，當一切都改變時，生活向你展現，而你也因此顯現自己。」對他而言，歌曲不僅包含節奏和旋律，還包含意圖的影子，歌曲描繪了一個完整的世界。許多音樂家都有同感，因為許多音樂家都是敏感族群。他們傾聽的方式與房間裡的任何人都不同，且更深入。

史普林斯汀把這份深度和感知智慧運用到解讀和理解歌迷的方式上。他說，早期在Castiles樂團，看到觀眾都是那些境遇不佳、身穿皮衣的小混混時，便重新調整了演出曲目。他回憶道：「秘密配方是Doo-wop調、靈魂樂和Motown風格。這些音樂元素能讓那些穿著皮衣的人感到激動、心跳加速。」史普林斯汀似乎能窺見他們整個人生——他們的奮鬥、他們的夢想——並為他們量身打造音樂。

正是這種深思熟慮、敏銳洞察的方式，成為布魯斯．史普林斯汀整個職業生涯的典型特質。史普林斯汀把這種深度處理方式運用到自己身上，他表示很早就知道自己能夠提供什麼：他不是最好的歌手，甚至不是最優秀的吉他手，但他相信自己可以憑藉作曲實力開創一番事業。然後，史普林斯汀努力避免像一些音樂偶像那樣達到一定名氣後迷失自我，他留在自己的故鄉，與家人住在新澤西州的馬場。「我喜歡在這裡的自己……，我想保持腳踏實地，」他在一次訪談中說。這種敏銳的自我意識不僅幫助他成為成功的音樂家，也幫助他選擇了適合自己的生活方式。

勞工階級的英雄，看來也是一位敏感的英雄。

第4章
過多、過吵、過快

「我時常感嘆，為什麼我們不能像閉上眼睛那樣輕鬆地闔上耳朵。」

——理查・史提爾爵士（Sir Richard Steele）

任何禮物都需要付出某種代價。如果你是敏感族群，那麼這種代價就是大腦深度處理的反面，這正是讓你擁有超能力的地方。如你所見，這樣一個大腦幾乎無時無刻都在瘋狂運轉，吞噬著精神能量，因此經常需要休息。不僅如此，它還需要空間。需要一點額外的時間，一點額外的耐心，一點額外的寧靜與平靜。如果給予這些條件，敏感性天賦將發揮到極致，敏感的大腦就會朝向天才之路飛馳，將每一筆訊息都處理得淋漓盡致。

然而，若這些條件被剝奪，匆忙、壓力重重、過度勞累，無法指望同樣的大腦處理它所接收到的一切事物。身體和情感的輸入會讓大腦超過負荷，就像一台塞滿衣物的洗衣機。因此，過度刺激是對環境高度敏感的代價之一，也是所有敏感族群所面臨的最大挑戰之一。

當你發現自己是敏感生物，卻身處於一個不那麼敏感的世界時，你該怎麼辦？怎麼應對過於擁擠的空間、過於緊湊的行程和過於喧鬧的場所呢？當你擁有很多才華，但社會卻嫌你身為敏感族群的需求是個麻煩時該怎麼辦？當你想要利用這些才華來幫助這個世界，但你需要平靜、安寧和休息才能實現時該怎麼辦呢？

走投無路的時候

艾莉西亞．戴維斯（Alicia Davies）在完成碩士課程期間，剛經歷了一場分手，「一段面臨論文截止日期、長時間工作和持續壓力的日子」，她在「敏感族避風港」網站上寫道。壓力似乎不光是這樣，她只剩一個月的時間來確定將來住在哪裡，以及為期一年的課程結束後，她的生活會是什麼模樣。當然，這些對任何人來說都是難以承受的時期，但艾莉西亞不是普通人——她是敏感族群。她需要大量的休息時間來釐清她甫經歷的一切。現在，她比以往任何時候都更需要待在她的小窩：讓她回想起童年的「可愛小臥室」，那裡有綠色天鵝絨扶手椅，木製隔板上擺放許多植栽、書籍和蠟燭。這個私人空間對她的自我療癒相當重要，因為它能喚起安全感與平靜感。

遺憾的是，她的房東有不同的想法：經過那麼多個夏天，他偏偏選擇在今年夏天對房子施工。這表示她的臥室外面，「每個工作日，從清晨到傍晚，都會有鑽鑿聲、電鋸聲和敲打聲」。施工人員拉開嗓門說話，音樂聲開到最大，似乎到處都聽得到。每次要走去房子的某個地方，她都不得不帶著歉意從他們身邊和亂成一團的雜物堆擠過去。不久後，他們開始開玩笑說艾莉西亞擋路。想在這種狀態下保有任何隱私或休息時間，都變得不可能辦到。

可想而知，艾莉西亞的壓力急速上升。在她的心中，小問題變成大困難。有一次，她發現自己甚至無法把簡單的句子連貫起來：「任何形式的對話都讓人感到痛苦，就好像耳機戴太久需要停下來一樣。我的感官彷彿出於防衛心態而變得緊繃和畏縮，忘記了如何放鬆；不斷輸入的訊息讓我暈頭轉向。」接著第二天，噪音和混亂又會重新開始。

她需要的是逃離。她去了一家當地咖啡店，但在那裡找不到藏身之處。點了咖啡之後，店內開始播放一些充滿活力的放克音樂。嬰兒開始哭泣。那是最後的一根稻草：「我也想放聲大哭，哭得比嬰兒更響亮，掩蓋世界上所有的聲音。」

她仍然處於感官完全超載的狀態，沮喪地離開了咖啡店，走到街上。她對那些在周圍製造噪音的人小聲嘟囔著，甚至在公共廁所對聲音太大的烘手機大發脾氣。她知道她的憤怒並不理智，但感官超載也是一樣。

幸好，她偶然發現了一場藝術展。她走進去，突然間被寧靜所籠罩。她四處走動，花時間欣賞每一件藝術品，那天她第一次感覺到自己的感官正在慢慢地舒展、柔和、復甦。原來這個世界還有一個屬於她的地方，而且是一個相當大的空間，充滿美與寧靜。另一位女子和艾莉西亞一樣，獨自走進展覽，身上散發著平和的能量。艾莉西亞立刻感覺和她很親近，彷彿這位陌生人不知何故理解她對孤獨的需求。兩人碰巧對看了一眼，艾莉西亞發現自己竟然笑了。

當然，艾莉西亞參觀藝術畫廊並沒有完全解決她的過度刺激。這只是結束的開始，症狀減輕了一些，彷彿她的感官還很脆弱，稍有觸碰就會再次崩潰。在接下來的幾天裡，她摸索出一些技巧，即使施工人員還在屋內敲敲打打，也能完全從過度刺激中恢復過來。她聽音樂，這樣可以蓋過一些噪音，有助於減緩她飛速轉動的思緒。她也花時間到戶外，聽聽鳥鳴聲，呼吸新鮮空氣。最後，艾莉西亞找到了平靜。

聽聽他們怎麼說：對你而言，過度刺激是什麼感覺？

「當我感到過度刺激時，我覺得好像被困住而且焦慮，有一種極需找到獨處空間的渴望。如果我無法逃避或撤退，就會變得茫然或心不在焉，即使我的思緒依然運作正常。身邊的人會說『你還好嗎？怎麼這麼安靜？』或者『你玩得開心嗎？』之類的話。如果過度刺激來得太快或突如其來，我也會暫時體驗到靈魂出竅的感覺，對自己的身體感到完全陌生。當我感到過度刺激時，唯一有幫助的事情就是撤退到一個溫暖、安靜、舒適的地方。」

——傑西（Jessi）

「我發現刺激逐漸累積。所有的身體舒適感都開始消失。一切都變得惱人。對話變成刺激物。我曾經四處奔波，試圖解決每一個刺激點。但那是行不通的，我會因憤怒和沮喪而發飆。現在我知道我自己累了，需要時間充電或痛哭一場。」

——馬修（Mathew）

> 「對我來說，過度刺激的感覺就像同時被很多人用手戳一樣。這有點像一種在身體各處逐漸增加的輕微壓力感，讓人難以感到舒適。」
>
> ——艾莉（Aly）

過度刺激的常見原因

對於敏感族群來說，艾莉西亞所經歷的情況並不罕見，或許你也有過類似的經歷。如果是這樣，你並不孤單，你也沒有做錯什麼。所有敏感族群都會在生活中的某個時候面臨過度刺激的問題，更有可能是經常在工作、照顧子女和社交時碰到這個問題。以下是敏感族群受到過度刺激的常見原因，這並非詳盡的清單，其他讓你感到過度刺激的事物可能沒有列出來。下面哪一種情緒或情況有時會讓你感到過度刺激？

■ 過度、強烈或干擾的感官刺激（人群、響亮的音樂、重複的聲音和不規則的聲響、溫度、香味、強光）。

- 焦慮、擔憂或反覆出現的念頭。
- 從他人身上感受到的情緒，尤其是負面評價、壓力或憤怒。
- 你自己的情緒。
- 社交和很多規劃的狀況。
- 緊湊的截止日期、繁忙的行程或從一項活動趕場到另一項活動。
- 訊息過量或令人不安的訊息（例如，觀看新聞或「末日狂滑」〔doomscrolling，譯註：不斷滑手機頁面瀏覽負面新聞〕）。
- 改變（有時甚至是積極的改變，比方說得到理想工作或終於懷上孩子）。
- 新奇、驚喜和不確定性。
- 混亂的行程或打破熟悉例行公事。
- 環境雜亂（例如，凌亂的房間或辦公桌）。
- 在別人觀察的情況下執行任務，即使是熟悉的任務（例如，工作的績效評估，參加體育比賽，在別人的注視下打字，發表演說，甚至參加自己的婚禮）。
- 同時有太多事情需要你的注意力。

為何會發生過度刺激

不論是否為敏感族群，前面列出的事物都可能會讓任何人感到過度刺激，尤其是許多事情同時發生的時候，但敏感族群會更快達到過度刺激的狀態，而且感受會比別人更深刻。這是為什麼呢？想像一下，我們都隨身攜帶一個隱形的水桶。有些人的水桶很大，有些人（敏感族群）的水桶較小。沒有人可以選擇自己的水桶大小；我們生來就具備不同的神經系統和處理刺激的能力。然而，職能治療師拉利薩・葛萊里斯（Larissa Geleris）表示，無論水桶大小如何，每一種聲音、每一種情感，和每一種氣味都會讓水桶裡的水多一點，她的服務對象是有感官處理困難的兒童和成人。

如果你的水桶快沒水了，你會感到無聊、坐立不安，甚至可能感到沮喪。但如果你的水桶滿出水了，你會感到壓力、疲憊和不知所措——甚至可能驚慌、憤怒和失控。所以，每個人對於刺激都有一定的忍耐極限，而且每個人都希望將自己的水桶填裝到適當的程度，使自己既不會刺激不足，也不至於刺激過度。例如，患有注意力缺陷過動症（ＡＤＨＤ）的孩子，可能總是感覺水桶快乾了。因此，他們上學時會用手指敲桌子，或從座位上跳起來，試圖刺激自己。對於敏感族群來說，情況恰好相反：你的水桶很快就會因為日常活動而填滿，例如工作一整天或在家照顧孩子。葛萊里斯解釋：「一旦水桶滿了，就會溢出來，就會發生失調或過度刺激的情況。基本上就是，你的感覺系統在說：『不行，不能再多了。我處理的訊息已經夠多了，過濾的訊息已經夠多了，我已經過勞，沒辦法再處理更多了。』」

對於葛萊里斯來說，這個水桶比喻不只是理論；她本身是敏感族群（我們透過Zoom視訊交談時，她笑著說「我的心理治療師說我就是敏感族群」）。因此，她時常發現自己的水桶太滿。最近一次發生水桶太滿的情況，是她正在替三個月大的女兒換尿布的時候。她的女兒哭個不停，玩具扔得滿地，正如每對父母都經歷過的那樣，換個尿布一團糟。結果，葛萊里斯開始感到不知所措，情緒一發不可收拾：「我能感覺到自己正努力保持冷靜。」。更糟的是，不久之前她曾受到腦震蕩的傷害。這個傷害使她身心都難以處理這樣的混亂，整個人呆在尿布台前。「我轉過身，看著亂七八糟的東西和玩具，就哭了起來，」她回憶說。這種恐慌的感覺一直到她的丈夫來救她，把玩具搬開，幫助她脫離感官轟炸才結束。

聽聽他們怎麼說：什麼讓你感到過度刺激？

「對我來說，過度刺激是一種容易陷入的心理狀態。有時候，甚至只是遲到五分鐘這樣簡單的事情就足以觸發這種狀態。我必須非常小心，不要把情緒發洩在我最在乎的人身上。」

——喬瑟夫（Joseph）

「當我覺得周圍的人和事物（像是家務事、手機通知、交通噪音、鄰居吵鬧等等）都需要我的注意力時，而我卻無法逃脫，就會經常發生這種情況。」

——嘉娜（Jana）

「我能應付吵雜的演唱會和機場，通常是因為這是計畫內的活動，已經做好心理準備。容易讓我過度刺激的是一些簡單、更無害的事情。我的小兒子會發出一種特別的聲音，他知道我受不了那樣的聲音，但他還是孩子，總是挑戰這些界限。我整個身體會因此變得緊繃，感覺每一根末梢神經都處於緊張狀態。如果無法逃離現場（通常是無法），我就會生氣和暴怒，因為我試圖控制這種刺激。」

——譚雅（Tanja）

> 「周圍發生太多情緒時，不論是在人群中還是只有一個人，我都會感到過度刺激。這讓我想哭，因為我感覺被團團圍住了。泡一個熱水澡，加上一顆香氛沐浴球，或者獨自一人或與我的貓走進一個黑暗、寧靜的房間，這些都有助於我冷靜下來。」
>
> ——潔西卡（Jessica）

人體的八大感官系統

當我們的水桶滿溢時，身體究竟會發生什麼事呢？讓我們來詳細認識一下人體的感官系統。雖然我們以為人有五感，但其實人體有八大感官系統：

1. 視覺：眼力。
2. 聽覺：聲音。
3. 嗅覺：氣味。
4. 觸覺：觸摸。

5. 味覺：味道。
6. 前庭覺：平衡感和頭部運動；位於兩耳內。
7. 本體覺：身體運動的感覺；控制和感測力和壓力；位於肌肉和關節。
8. 內在覺：體內活動的監測系統，如呼吸、飢餓和口渴；分布於全身，包括器官、骨骼、肌肉和皮膚。

一整天下來，你的感官系統無論一同合作還是獨立作業，都在不斷保護你、調節你，使你能夠完成任務。像是在工作中完成一項專案之類的大事，或是一些你根本沒有察覺到的小事。舉個例子，今天早上你穿衣服的時候，大腦必須判斷接觸到手臂的東西是安全的還是危險的。一件襯衫？安全。你的大腦會發送信號給身體，讓你忽略它。但如果是一隻蚊子？危險。你的大腦會發送信號給身體，讓你拍打牠。這種接受刺激、解讀刺激，然後做出反應的過程不斷發生。你的大腦會過濾掉背景噪音，好讓你能夠聽到別人的交談聲。你在切菜準備晚餐時，大腦會調整手操作刀具的力道，以確保你的安全。即使是現在，在你閱讀這段話的時候，大腦也在努力集中你的注意力，解讀這一頁標記背後的意義。葛萊里斯解釋：「一天下來，我們無時無刻都在使用這種感知處理的技能。」

總而言之，每時每刻都有源源不斷的訊息從八大管道流入你的大腦。加上你正在感受的任何情緒或正在進行的更高層次任務，輸入的訊息很快就會累積起來。葛萊里斯指出，正如我們所見，敏感族群的神經系統對某些刺激的反應更靈敏，尤其是對聲音和觸覺的感官輸入。就像做完俯臥撐後手臂會疲憊一樣，你的感官也會感到疲憊。然而，手臂可以休息，身體的感官系統卻總是處於工作狀態。

驅動、威脅、撫慰系統

當你受到過度刺激時，身體會感覺遭到攻擊。你可能會出現思緒飛快運轉、肌肉緊繃、強烈恐慌或憤怒的狀態，以及想要逃離現況的強烈慾望。臨床心理學家保羅・吉伯特（Paul Gilbert）稱這種狀態為「威脅模式」（Threat mode）。吉伯特畢生致力於研究支持人類動機和情感的機制。作為全球被引用次數最多的研究人員之一，吉伯特的研究成果對科學貢獻極為重要，甚至獲英國女王頒發大英帝國勳章（Order of the British Empire），這是英國公民能夠獲得的最具聲望的獎項之一。他認為我們使用三個基本系統——驅動、威脅和撫慰（Drive, Threat, and Soothe）——來調節我們的所有情緒。學會關注自己在任何情況下可能使用的情緒系統，可以幫助你控制情緒。

第一個系統叫做「威脅」（Threat），是我們最強大的系統，因為它最有能力掌控大腦，目的是讓我們活下去，其行動指令是「寧可安全也不要有遺憾」（Better safe than sorry）。連動物也會使用這個系統，比如當牠們擊退掠食者、咆哮，或者鼓起胸膛讓自己看起來更強壯的時候。涉及戰鬥或逃跑反應，或者心理學家兼作家丹尼爾．高曼（Daniel Goleman）所稱的「杏仁核劫持」（amygdala hijack）時，威脅系統始終處於開啟狀態，隨時掃描我們周圍的危險，無論是朝我們疾馳而來的巴士還是沒有回覆簡訊的另一半。由於它對真實威脅和感知威脅都會做出反應，因此會出現許多假陽性結果。例如，配偶的諷刺言論或小孩的耍脾氣可能並不會對你生命構成真正的威脅，但威脅系統會讓你覺得是一種威脅。當你感到害怕、生氣或焦慮時，你已經進入威脅模式。自我批評也可能是這種模式的一部分，此時身體會認為你自己就是危險。

如果第一個系統負責讓我們活下去，那麼下一個系統就是負責幫助我們「得到更多」。這個叫做「驅動」（Drive）的系統在我們獲得資源和實現目標時，會讓我們感覺良好。當你完成待辦清單的項目、要求公司加薪、購買新房或新車、好友聚會或滑交友軟體時，你就處於「驅動」模式。動物在築巢、求偶和儲備糧食過冬時，也會使用驅動系統。吉伯特告訴我們，受到其他兩個系統制約達到平衡時，驅動系統就會「帶給你快樂和愉悅的感覺」。但如果失去平衡，就像我們「過度」文化中經常發生的情況，驅動系統可能會陷入「永不滿足」、貪得無厭追求更多的惡性循環。吉伯特指出，在這種惡性循環中，「人們會完全沉迷於實現、得到、行動和擁有，一旦做不到就開始感覺自己很失敗」。想看看沒有節制的賭博、飲食和藥物成癮以及貪婪等情況。電影《華爾街之狼》（*The Wolf of Wall Street*）就是這種心態的絕佳例子，內容講述股票經紀人喬登．貝爾福（Jordan Belfort）的真實犯罪故事。貝爾福談論自己時，我們可以看到驅動系統失控的情形：「二十六歲那一年，我擔任自己證券經紀公司的老闆，賺了四千九百萬美元，但我很生氣，因為才差三百萬就可以達到每週賺進一百萬美元的目標。」

由於威脅和驅動的強大特性，如果我們能夠有效控制這兩個系統，只在需要時使用它們，我們就會感到最幸福。遺憾的是，我們大多數人甚至沒有意識到，多半時間都在這兩個系統中度過（我們覺得理所當然，畢竟這是「堅強迷思」所要求的）。威脅和驅動兩者都會讓我們這些敏感族群感到過度刺激。

不過，對抗過度刺激也有解決辦法：第三個系統叫做「撫慰」（Soothe），沒有威脅需要防禦，也沒有目標需要追求時，這個系統會自然而然啟動。有人稱之為「休息與消化」

（rest and digest）系統，因為一旦進入撫慰模式，我們就會感到平靜、滿足和安慰，就像父母輕搖著嬰兒入睡或幼貓依偎在母貓身邊感到安全和溫暖一樣。所有哺乳動物都使用撫慰系統，它讓我們能夠放鬆、減緩速度、享受當前的時刻。品嚐早晨的咖啡、去做按摩，或在花園裡靜心欣賞盛開的花朵，你都會使用撫慰系統。這個系統讓我們敞開心扉與他人交流，對他人施予憐憫之情，而不是將他們視為潛在的威脅。當你感到安全、快樂、安心、受到關愛以及平靜時，你已經進入撫慰模式。

然而，儘管撫慰是這三個系統中最令人愉悅的，卻也是我們最容易忽視的。對於許多人來說，由於創傷或生活困難的童年，撫慰系統沒有得到充分利用，甚至完全封閉起來。對於敏感族群而言，學習定期啟動撫慰系統是扭轉形勢的關鍵，我們稍後會將在本章後半段提供啟動撫慰系統的技巧。

偶爾過度刺激和慢性過度刺激的區別

慶幸的是，偶爾陷入威脅模式本身並不危險，也不會對健康造成損害。正如艾莉西亞所發現的，只要她能夠躲進一個安靜、平靜的地方（藝術博物館），壓力和憤怒就會逐漸消散。她寫道：「對我來說（也對我周圍的每個人來說）令人欣慰的是，我發現過度刺激只是暫時的。掌握正確的方法，這種情況就會消失，甚至不會留下任何痕跡。」

然而，慢性過度刺激則是另一回事。我們的身體由於某些無可避免的持續狀況而不斷陷入威脅模式時，就會發生這種情形。也許是同事讓工作環境變得不愉快，也許你是年幼孩子的主要照顧者。又或者你的生活或工作性質本身就是刺激過多的地方。如果你說過自己已經筋疲力盡或再也無法處理事情，那你可能正在經歷慢性過度刺激。疲勞是慢性過度刺激的另一個徵兆；如果你老是感到疲憊，甚至在休息過後也是如此，可能是因為你的神經系統處於運轉過度的狀態。常言道：「這種疲勞是睡眠也解決不了的。」還有其他徵兆，你發現自己變得容易哭泣（有時根本沒來由就流淚），甚至可能出現身體症狀，如肌肉痠痛、頭痛或消化問題，卻沒有明確的病因。雖然你可以從偶發的過度刺激中復原，但慢性過度刺激的問題更嚴重，最終可能妨礙你的工作表現、人際關係、身心健康以及幸福感。

如果正在經歷慢性過度刺激，你需要停下來仔細評估情況。究竟是什麼引起了過度刺激？是特定的人、任務、噪音還是其他什麼？能做些什麼來避免或減少這些觸發因素嗎？能不能減少與特定人士相處的時間，只透過電子郵件交流而不要面對面溝通？你能戴上耳機阻隔噪音，多休息，減少工作時間，把一些工作委託他人，或向他人尋求幫助嗎？有時，擺脫慢性過度刺激的唯一辦法就是讓自己脫離這種情況、這段關係或這份工作。離開並不是一個容易的決定，但如果必須如此，那就允許自己這麼做。

減輕過度刺激的工具包

處理慢性或偶發性過度刺激，關鍵在於創造一種適合你敏感性的生活方式，而不是對抗敏感性。首先，你需要可靠的方法來啟動撫慰系統，並在當下立即結束過度刺激。然後，你需要務實的作法來建立一套長期的生活方式，以滋養你敏感的天性。

採取這些步驟並不代表你將完全不再受到過度刺激，或永遠避開感官超載的相關挑戰。即使是敏感的喇嘛羅卓・贊莫（Lama Lodro Zangmo），這位幾乎隱居了十一年的藏傳佛教比丘尼*，有時也會因寺院祈禱和冥想實踐而感到過度刺激。以她的話來說，這讓她「內心有一種被閃電擊中的感覺」。如果與他人交談，這種感覺會加劇，一天下來，整個人不堪重負。後來她漸漸學會如何從容應對這種能量，因為她明白這是自己與生俱有的一部分，放棄了試圖控制它或讓它消失。她解釋：「如果我保持沉默，就像讓風平息下來，然後內心的情緒起伏就不會引起不適。」

湯姆·法肯斯坦（Tom Falkenstein），《高敏人》（*The Highly Sensitive Man*）一書的作者，以另一種方式闡述了這一點：「過度刺激的傾向無法完全避免，因為我們不可能遠離所有可能具挑戰性的情況——無論是逛繁忙的超市、參加兄弟的生日派對、工作進行簡報、籌備或預訂下一個假期，還是參加即將舉行的家長會，討論子女在校表現。」而且，他指出，如果我們規畫生活完全避免任何可能引起過度刺激的情況，那麼最終可能會過著……嗯，無聊透頂的生活。反而敏感族群應該接受自己偶爾會受到過度刺激的傾向，並利用各種工具來減輕不適。

正如我們所見，過度刺激的表現方式並不單一，所以也沒有放諸四海皆通用的方法。這就是為什麼我們推薦使用工具包，裡面有各種策略供你選擇，這樣就可以在當下選擇最有幫助的那個。最重要的是，你工具包裡的所有工具都會以某種方式撫慰自己。請記住，重點是要從威脅或驅動模式切換到撫慰模式，而不是照本宣科。因此，請根據需要自己需要客製每個方法。唯一不該改變的是，及早且經常使用這些工具的習慣。

---

* 贊莫剛好也是安德烈的姊妹。

開發過度刺激的初期警告系統

快要生病前，你可能會感到喉嚨癢或身體微恙——這是感冒或流感的初期警告信號。同樣，在你達到完全過度刺激之前，身體也會釋放初期警告信號。你能夠越早察覺這些信號，越容易在刺激變「嚴重」之前避開它。在一天之內，隨時確認自己狀態。問問自己這些問題：

■ 我現在感覺如何？
■ 腦海中浮現了什麼想法或畫面？
■ 我的身體哪個部位感受到這些情緒？
■ 我的身體感覺如何？

如果你感覺焦躁不安、緊張、心煩意亂、惱怒，或者想要摀住耳朵或眼睛以防止感官刺激——或者如果你肌肉緊繃、胸悶、頭痛或胃痛——你可能正處於過度刺激的邊緣。

可以的話，休息一下

過度刺激來襲時，你所能做的事情就是遠離那些讓你過度刺激的事物，無論是聲音還是對話。休息一下、關上門、出去走走、走去洗手間，怎樣都行。如果你確實需要離開，一定要告訴周圍的人。試著說：「我受到太多刺激。需要短暫休息，冷靜一下。」或者更適合工作場合的說法：「我需要花幾分鐘整理一下思緒，看怎麼做到最好。我五分鐘後回來。」

休息最難的部分或許不是知道何時需要休息，而是允許自己休息。然而，休息對打破過度刺激非常重要。請記住，如果你真的不想解釋，上洗手間通常是沒人會質疑的理由。（如同一位敏感人士所說，「『洗手間』的另一個名字就是『避難所』。」）

在休息的時候，將注意力帶回你的身體。意識到自己實際上沒有受到攻擊，即使感覺是這樣。「受到過度刺激的當下，你會感覺自己非常無助，」葛萊里斯說：「所以意識到這一點是最重要的事。你可能感覺無助，但事實上並不是。你的神經系統在說『嘿，我們有危險』，但其實並沒有。要提醒自己這一點。」

讓自己平靜的感官刺激

很多時候，我們往往無法擺脫過度刺激的情境。這時候我們需要其他工具來降低我們的興奮程度。當威脅系統啟動時，我們必須打斷身體的生理反應（因為威脅模式本質是身體對外界刺激的生理反應）。打破這種生理反應的方法也是透過身體。例如，你可以背部靠在牆上，用力推牆。躺在地板上。在廚房料理檯或書桌上做迷你伏地挺身。用雙臂環抱身體，給自己一個緊緊的擁抱（或者情況允許的話，向別人討一個擁抱）。葛萊里斯表示，本體覺輸入，即在移動身體時對抗阻力的感覺，是最能讓人感到平靜的感官刺激方式。本體覺輸入最棒的地方在於，你可以隨時隨地自己觸發它，而且沒有人會知道。（本體覺輸入也是人們喜歡使用重量毯〔Weighted Blanket〕的原因。）

減少頭部轉動

前庭系統是一個感官系統，除了其他功能外，還能追蹤頭部在空間的位置。轉動頭部，大腦就會產生電活動，其他感官也會變得更敏銳，這樣可能導致過度刺激。因此，盡量選擇減少頭部運動的姿勢。例如，如果你正在煮飯（對有嬰幼兒的父母來說，煮飯通常是相當刺激的任務），先從櫥櫃中取出所需物品，這樣就不必來回拿取那麼多次。如果是參加晚宴，請坐在餐桌首位，這樣可以同時看到每個人。最好背靠著牆，這樣就不必過濾背後的感官輸入，讓「監測威脅的大腦」感覺更安全，因為「掠食者」無法偷襲。（這也是為什麼我們喜歡舒適的空間，偏好餐廳或會議室裡靠牆的座位。）

像對待孩子一樣安慰自己

每位父母都知道，孩子很容易受到過度刺激，因為他們年輕的大腦一直在學習和處理很多東西。因此，對待自己請展現出與對待過度刺激的孩子一樣的同情。「當你還是寶寶或小孩時，如果父母對你大呼小叫，指責你，或者把你獨自留在房間裡，你也不會因此冷靜下來或停止哭泣。」法肯斯坦寫道：「所以在難受的時刻，你必須能夠利用情緒調節來照顧自己，安慰自己，而不是批評自己容易受到過度刺激和感受強烈的傾向（『噢，又來了！』）。這樣只是徒增緊張感和激動情緒，並不會幫助你盡快冷靜下來。」你可以嘗試想像自己是個小孩，直接對這個小孩說出安慰的話語。「我知道這對你來說不容易」、「我能感受到你的痛苦」、「你並不孤單，我在這裡陪著你」、「告訴我怎麼了」。

活化你的認知大腦

我們實際上擁有兩個大腦，一個是認知大腦，另一個是情緒大腦。專門研究高敏感特質的心理治療師茱莉．比爾蘭（Julie Bjelland）表示，敏感族群往往花更多時間在情緒大腦上。「當你的情緒大腦活化時，思考大腦基本上就進入了休眠狀態，」她解釋。（如果你曾覺得自己在生氣或壓力大的時候無法清晰思考，表示你的情緒大腦已經凌駕於認知大腦之上。）正如威脅和撫慰系統不能同時啟動一樣，我們的認知大腦和情緒大腦也無法同時活化。喚醒你的認知大腦會降低在過度刺激時所感受的情緒強度。比爾蘭建議拿張紙，寫下你感受到的情緒和一些她所謂的「認知事實」。在這裡，認知事實是與你的情緒訊息相反的觀察結果。例如，情緒可能告訴你：「我把簡報搞砸了，害自己出醜。」以下是可能反駁情緒訊息的一些認知事實：

■ 我已盡我所能做到最好。

- ■同事說我做得很好。
- ■如果老闆不相信我能夠好好完成任務，一開始就不會讓我負責簡報。

比爾蘭建議每種情緒至少寫下三個認知事實，由於認知大腦掌管語言，把你的感受轉化為文字的過程，本身就是活化認知大腦的一種方式。

打造你的敏感避難所

以培養敏感性的方式來設置你的物理環境。比方說，在開放式辦公室或教室裡，不可能經常感到平靜，但至少該有個能立刻帶來平靜的空間。這裡就會是你的**敏感避難所**（**sensitive sanctuary**）。這個避難所可以是個房間，或是完全屬於你的空間。你可以在這裡放鬆、逃離世界的喧囂。如果不太可能擁有自己的房間，那可以從舒適的椅子、自己的書桌，或者任何安靜的角落開始。用療癒的色彩或任何讓你開心的事物來裝飾。身體的舒適感是關鍵，可以放個枕頭、柔軟的材質、柔和的燈光和舒適的家俱。準備一些能給你帶來最大快樂的東西，比方說書籍、日記、蠟燭、宗教物品、平靜的音樂和最喜歡的零食。具體細節並不重要，重點在於這是屬於你的空間，以一種讓你處理思緒和冷靜下來的方式設置。

最重要的一點，務必告訴家人或室友你的避難所。強調你在避難所的「私人時間」（me time）對你的身心健康相當重要。許多敏感人士都會本能地創造避難所空間，但除非他們對自己的空間和使用方式劃清明確的界限，否則別人可能會侵入、打擾，甚至佔據這裡。請記住，任何人都可能需要一個特殊的私人空間來耍廢或放鬆，但這個概念對一些人來說很陌生。舉例說明，如果你很希望不要有人亂動你私人空間的物品擺設，或在你品茶的時候來打擾，那麼務必清楚表達這些喜好。

設立健康的界限

談到界限，發生慢性過度刺激通常是因為我們的界限有漏洞，也就是我們沒有設立或傳達明確的界線所在。（討厭設立界線是因為不想傷害任何人或讓他們失望，如果你是這樣的敏感族群，請舉手！）雖然界限感覺好像違背了敏感族群天生的同理心，但你設立的底線不一定是牆壁或隔板，只是列出個人可以接受或不可以接受的清單。對於敏感族群而言，健康的界限可能聽起來像這樣：

■「我這個週末不能參加那個活動。」

■「我只能待一小時。」

■「那對我沒用。」

■「我不會這樣做。」

■「我想去，但沒有提前通知，我已有行程。換個時間怎麼樣？」

■「很遺憾你遇到這樣的困難。我想幫忙，但這樣超出我的能力範圍了。有其他幫得上忙的地方嗎？」

■「我明白這是重要的話題，但我現在無法談論這個。」

■「跟你分享想法卻遭到批評，那我就閉上嘴。只有你以尊重的態度回應，我才會與你交談。」

■「我很煩惱，需要找人聊聊。你現在可以聽嗎？」

■「我需要一點自己的時間。你能帶孩子出去幾個小時嗎？」

■「我覺得很累。需要休息。」

聆聽情緒要傳達的訊息

你被強烈的情緒淹沒時，要記住，情緒本身不是問題所在，《擺脫思維的枷鎖，活在當下》（*Get Out of Your Mind and Into Your Life*）一書的共同作者史蒂文．海斯（Steven C. Hayes）這樣說。就像手機通知或朋友寄來的明信片，情緒只是訊息的媒介。因為情緒是訊息傳遞者，所以不必對每一種情緒都做出反應，但至少，這些訊息值得去聆聽。有時候，情緒會告訴我們重要的界限何時被跨過，何時該採取行動，或者我們在關係中的需求何時沒有得到滿足。情緒往往會給我們帶來課題和改變的機會。雖然你很想告訴自己只是反應過度（畢竟這句話，你可能已經聽了大半輩子），但別忽略你的情緒或過度刺激的感覺。我們不該緊緊抓住情緒不放，但也不該迴避任何情緒。「情緒注定來來去去，按照自己的節奏在你的體內流動。」海斯解釋：「事情不對勁時，情緒包含了重要的課題，而事情步入軌道時，情緒會帶來美好的體驗。」若湧現強烈的情緒，他建議花點時間思考這些問題：「這個情緒要求我做什麼？」和「這個情緒說明我在渴望什麼？」

抽空開心玩樂

跟著車內廣播唱歌，在走廊蹦蹦跳跳，和狗狗玩接球，堆個雪人，騎著腳踏車漫無目的地兜風，或拿起孩子的玩具一起玩，找尋周遭的幽默之處。心理學家把這種對玩樂的專注和參與其中的意願稱為**玩樂倫理**（**play ethic**）。擁抱你內心的小孩，為快樂抽出時間。如治療師卡羅琳・柯爾（Carolyn Cole）在「敏感族避風港」網站上所寫的，這種愛玩的一面往往「多年來被害怕不合群、過度關注責任，以及覺得自己根本沒時間享受這部份自我的心情所掩蓋」。她建議自己的服務個案都培養一種玩樂倫理，尤其是敏感族群個案，有助於過度刺激開始之前加以控制。幽默尤其需要使用前額葉皮質（**prefrontal cortex**），這部分大腦與情感過度刺激相抵觸。換句話說，你不可能一邊看著有趣的事情大笑，又一邊感到不知所措。

給予時間

面臨過度刺激時，情緒可能讓你覺得難受到不知所措，身體可能充滿焦慮或壓力，所以難以記得使用這裡說過的任何工具。葛萊里斯自己也坦承，她幫女兒換尿布時，一感到刺激過度，所有技巧都忘得一乾二淨——即使她是感官處理專家，專門教人使用感官處理工具。因此，應對過度刺激最重要的建議，或許就是給自己一點時間。她說：「可以的話，稍微讓情緒波動一下，等你回過神來，就可以應用你的工具。情緒都會結束的，雖然感覺好像無法平靜下來，但這種感覺不會永遠持續。」

接受有時過度刺激無可避免的現實。請記住，過度刺激是你的大腦在做最擅長的事：深度處理。在這種時候，盡量運用你的工具，若是結果不盡人意，也要善待自己。俗話說，一切都會過去的。

第5章 同理心之苦

「有時我想，我需要一顆多餘的心來感受我感受的一切。」

——薩諾貝爾・可汗（Sanober Khan）出自《一千隻火鶴》詩集（*A Thousand Flamingos*）之〈備用心臟〉（*Spare Heart*）

瑞秋・霍恩（Rachel Horne）遇到麻煩了。她排除萬難進入一所知名大學，專門學習管理全球慈善機構方面的知識技能。遺憾的是，那些想要改變世界的人，在就業景氣最好的時候也面臨激烈的競爭。畢業一年後，她發現自己被學生貸款壓得喘不過氣，急需一份工作。當時有個失智症長者安養機構的管理人員職缺，她心想，在這裡，也許她可以幫助別人，即使這份工作不是她最初想要從事的。也許這是她擅長的事情，因為她是敏感人士。

照護年長者是一項重要的工作，但對霍恩來說，卻成了一份令人心碎的職業。她每天馬不停蹄忙於照顧工作、後勤事務和直接涉及生死的抉擇，而這一切都必須微笑著完成。她的「辦公室」被安排在儲藏室裡，一堆飛鏢板擺在她的電腦上搖搖欲墜，心跳靜止的嗶嗶聲穿過薄如紙的牆壁令人恐慌。當然，也有美好的時刻，她設法與失智症老人溝通，為他們帶來一絲歡樂。有一次，她播放音樂給一位患者聽，儘管同事們說她在浪費時間，因為他已經什麼都聽不懂。後來某天，他轉身對她唱出那首歌的一句歌詞。那是她唯一一次聽到他說話，但在那一天，她知道她正在改變一些事情。

不過這些時刻很難出現，部分原因是為了提供這些而放慢腳步，會讓所有人的進度落後。同時也有失去的時刻，工作人員前一天與某位病患的關係才建立起來，第二天卻發現他已去世，這種情況並不罕見。霍恩不明白同事們怎麼能夠若無其事地繼續工作生活，他們的態度顯得如此冷漠無情。她告訴我們：「我無法與病患的痛苦保持專業的距離。我不能說，『好了，現在已經五點。是時候下班和朋友們出去玩了。』我會說，『什麼？剛剛有人去世了。』」

有時候，臨終病患向她敞開心扉，分享他們的感受、遺憾，甚至是不想帶入墳墓的家族秘密。身為敏感人士，霍恩能夠無偏見地聆聽，給予他們一些安慰。可是這種情緒勞動（**emotional labor**）對她造成了傷害。「我可以在需要我的人面前強忍下去，」她說，「但一坐進車子，關上門，我就開始哭泣。」

理論上，霍恩確實改變了一些事情，但她沒有足夠的睡眠，許多晚上都是淚流滿面回家，第二天早上又開始哭泣。工作短短五個月後，她在身體和情感都已達到極限，她需要改變。

就在那時，她遇到了一位名叫佛洛里安（**Florian**）的法國男子。他親切的眼神和無憂無慮的態度，讓她想起了過去還保有生活空間的時候。佛洛里安擁有很大的自由度：他搭便車環遊世界，碰巧在她朋友的地露營了幾晚，然後又重新上路。沒有會議要參加，也不需要像處理資產負債表上的數字那樣「管理」悲劇性的死亡事件，他的生活顯得格外平靜。

那天晚上，霍恩和佛洛里安聊到深夜，她不停向他提問。他耐心地回答每一個問題。不，他並不富裕。不，他不覺得不安全。沒有，他搭帳篷時從未被大聲喝斥。是的，他很快樂——那她呢？漸漸地，霍恩承認自己羨慕他。大多數人會說他們永遠做不到像佛洛里安那樣的事情，但她開始認為他的旅程是可行、甚至比她的工作更好的選擇。

第二天，霍恩達成一個協議。她將結束她的工作，而佛洛里安將帶著準備好的帳篷和背包，搭便車到她的公寓。在他的幫助下，她將去做每對父母都希望自己孩子永遠不會做的事情：與陌生人一起進入荒野。她知道自己可能失去一切，身無分文，甚至可能陷入真正的危險。不過她也感覺輕鬆多了。多年來，她第一次感覺到他人的需求和情緒似乎離她越來越遠。

同理心的陰暗面

儘管同理心是所有敏感人士最偉大的天賦之一，不過它也會讓人感覺像是一種詛咒。那是因為同理心可能是痛苦的。同理心要求我們真正理解他人的感受，甚至與他們一同經歷那種感受。就像所有情緒一樣，這種體驗有時會讓人難以承受，也像所有情緒一樣，混亂不堪。因此，同理心會帶來一些副作用。

其中一個副作用就是，無論是透過新聞看到還是親身經歷，你都會把世界上最令人不安的時刻內化成自己的經驗。另一個副作用是所謂的給予者倦怠（giver burnout），又稱為同理心疲勞（compassion fatigue），持續照顧他人而付出太多的時候，就會發生這種情況。給予者倦怠就是霍恩所經歷的。教師、護理師、治療師、全職家長以及其他扮演照顧角色的人，特別容易出現給予者倦怠的風險。舉例來說：據報導，二〇二一年正值疫情期間，倦怠是許多醫護人員離職的首要原因。根據美國醫學會（American Medical Association）的數據，甚至到二〇二二年，仍有五分之一的醫師和五分之二的護理師表示他們打算在兩年內離職，另有三分之一的人希望減少工作時間。

然而，詢問任何一位敏感人士，他們都會告訴你，高度同理心最常見的副作用之一就是吸收不必要的情緒。對於一些敏感人士來說，情緒就像環境中一種有形的存在，結果是突然感覺被不知道從哪裡來的情緒入侵。前一分鐘，你還在享受咖啡，結果下一秒，突然感到緊張和害怕，在咖啡廳四處張望，不知道為什麼。有位敏感人士告訴我們，她似乎能感受到母親的情緒，比如焦慮，即使她和母親不在彼此身邊，兩人在店裡不同區域採買的時候。

對於不那麼敏感的人來說，這種同理心的陰暗面有個簡單的解決辦法：減少同理心。然而，敏感人士一輩子都在聽別人說要他們少點同理心，可他們就是無法停止自己的同理心，就像他們無法停止生理知覺或停止深度思考一樣。

聽聽他們怎麼說：別人的情緒會怎樣影響你？

「當我走進一個房間，第一件事就是注意每個人。我所有的感官都能感應到他們的情緒。正面的情緒讓我保持樂觀，而負面的情緒讓我感到疲憊。有時我甚至覺得我能感受到寵物的情緒。」

——潔奇（Jackie）

「我非常不擅長應對別人的情緒。男人不應該注意這種事情。事實上，我學會了巧妙地忽略別人的眼神、語氣、肢體動作、說話方式等，以便『降低』他們干擾情緒狀態的影響程度。如果必須與生氣或懷有惡意的人互動，他們會擾亂干擾我的神經系統好幾天，有時甚至會引發創傷反應。經過一番努力，我現在通常能夠分辨哪些情緒屬於我的，哪些不屬於我的。」

——特倫特（Trent）

「我能感受、甚至想像別人的情緒。通常很難分辨他們的情緒何時結束，而我的情緒何時開始。若身處於陌生人的房間裡，這種情況最糟糕，因為我無法理解這些情緒從何而來，經常以為那是我自己的情緒。如果受到過度刺激，那麼別人的情緒就會把我推入消極的心境空間。如果沒有受到過度刺激，那麼我通常可以利用它們作為幫助他人的線索。但即便如此，我也必須非常小心，不要讓太多情緒進來。」

——馬修

「我接收了周圍的一切情感！正在努力學習管理那種感受力，但我就像一個人類恆溫器——我能感覺到一個人，甚至整個房間的『溫度』。」

——凱伊（Kay）

情緒傳染

敏感族群很清楚，情緒具有傳染性，就像普通感冒一樣容易在人與人之間傳播。事實上，心理學家根本不會把情緒的傳播稱為同理心。他們之所以稱其為「情緒傳染」（emotional contagion），是因為無論是不是敏感人士，都會在某程度上受到情緒的感染。而且，不只是壓力和憤怒等負面情緒會傳染，像是派對就是透過笑容、歡笑聲和跳舞，從朋友那裡吸收快樂的感覺。其實感染他人情緒是人類之所以成為人類的關鍵部分，而且，就像敏感性一樣，有助於我們物種的生存。如果一群人受到啟發，他們會一起努力實現共同的目標。如果他們發現恐懼，會集體動員起來對抗威脅，迅速應對危險。

在某程度上，情緒的傳播是由研究人員所謂的「**變色龍效應**」（chameleon effect）所造成的。如同變色龍融入周圍環境一樣，我們也會不自覺地模仿旁人的舉止、臉部表情和其他行為，使我們更容易適應當前的社交情境。例如，你和同事在走廊上擦肩而過，如果他對你微笑，你可能也會不自覺以微笑回報。這種社交反應是好事：反映出對方的行為，對方就會對你產生好感。變色龍效應也解釋了為什麼一群朋友會發展出相似的說話和開玩笑方式，或者我們為什麼能透過「回應」對方的情緒，在幾秒內與陌生人建立融洽的關係。研究顯示，比起一般人，高同理心的人（就像敏感人士）更容易表現出變色龍效應。這項發現亦解釋，為什麼敏感人士經常表示陌生人會自在地和他們分享自己的生活（就像霍恩的病人那樣）。敏感人士往往在不知不覺中自動反映出他人的情緒，而這種反映會建立彼此的信任。

這種情緒感染和回應的生物過程分為三個可觀察到的階段。第一階段是**變色龍效應**，當你模仿他人的小動作時，無論是微笑還是皺眉。接著，第二階段是回饋循環。隨著身體呈現出某種情緒，你的大腦也開始感受到同樣的情緒，無論是快樂還是擔憂。到了最後階段，對方可能開始談論他們的感受或經歷。在理想情況下，你可以透過他們的話語，了解一個人感到快樂或壓力的原因，進而知道為什麼你會有同樣的感覺。這個階段是有幫助的，特別是當你面臨痛苦的情緒時，你能夠從上下文來理解情緒，為這個感受找到一個解釋。但這個階段也可能加強回饋循環。因為兩人的情緒開始同步時，你一開始皺起的眉頭就會變成真正的痛苦。更糟的是，如果你們兩人之間沒有溝通，也許是你感染了一個人的情緒，但對方不願意進一步交流，那樣就會增添焦慮和不確定性。舉例來說，想像一下你的同事被老闆叫去開會，出來時看起來眼眶帶淚，然後收拾東西後便離去。光是接收同事的恐懼和悲傷已經讓人夠緊張了（即使你知道他們遭裁員的原因），但在沒有解釋的情況下接收這些情緒，你就會擔心自己是不是也在裁員名單上。

如果你認為自己並非敏感人士，那你現在應該明白，為什麼敏感族群經常把自己的感受掛在嘴邊。他們一直在經歷這樣的循環，同理心會讓他們承受周圍每個人的壓力。分擔他人情緒可以是一件美好的事，不過情況如果持續下去，也可以是一種痛苦的源頭。

傳染力最強的超級傳播者

接收陌生人的情緒是一回事，而接收最親近的人的情緒完全是另外一回事。事實上，研究顯示，當情緒來自摯愛之人時，其傳染力遠勝一切。有項研究發現，配偶對彼此的壓力程度影響甚深。因此，共同承受的壓力在婚姻滿意度（或不滿意度）中扮演著重要的角色。有位敏感的妻子告訴我們，當她的丈夫口出惡言或情緒激動時，即使事情與她無關，她的身體會立刻出現生理和情緒反應，比如恐慌，甚至掉淚。然而，她的丈夫卻很難理解為什麼他只是抒發情緒會「如此嚴重」。（有趣的是，某位研究人員發現，女性比男性更容易受到情緒傳染，尤其是壓力和負面情緒。這可能是因為女性更善於社交，更關心周圍人的情感需求。）另一項研究發現，配偶的憂鬱經常導致另一半也憂鬱；父母和子女之間，甚至是同住的室友之間也有同樣情形。

負面情緒比正面情緒更容易傳播，這也對我們不利。有一項研究要求觀察者看著一位倒楣的實驗對象在觀眾面前臨場演講，並完成心算問題。實驗對象的壓力極具感染力，連觀察者只是透過單面鏡觀看，都可以測量到他們的皮質醇（即壓力賀爾蒙）上升——甚至，即使他們只是在別的地方觀看影片也是如此。難怪許多敏感人士說他們無法看某些電視節目或電影，比如那些緊張、懸疑或暴力的影視作品。

這些研究結果突顯出，明智選擇你的核心社交圈很重要。你最好遠離長期抱怨的人、總是消極悲觀和有害的人，以及情緒表達強烈但對他人情緒狀態卻反應遲鈍的人。這些人是世界上情緒傳染力最強的超級傳播者；他們散播最負面的情緒，就像安養中心和室內餐廳在疫情期間迅速傳播新冠病毒一樣。

俗話說，同理心就是「你的痛苦，我感同身受」——有時候這感覺可能讓人不知所措。然而，如果你退後一步思考，其實我們並不需要感同身受才能幫助正在承受痛苦的人。當然，每個人都希望感受到他們所愛的人能夠支持自己，理解自己正在經歷的逆境，而敏感人士擅長為他人保留情感空間。但是，當我們感到不堪重擔時，這種反應就會適得其反，像是聽到寶寶哭泣，我們也會跟著哭起來。如果這種情緒太痛苦，我們甚至可能會選擇避開正在受苦的人。如果你有過一看到虐待動物的廣告就轉頻道的經驗，那你或許能理解這種感覺。

不過，同理心怎麼會有怎麼多問題呢？如第三章所提到的，同理心是人類道德的基礎，也是人類成就的推動力，為什麼同理心未必使人互相幫助呢？

答案是，同理心像是一條岔路，可能通向痛苦和苦惱。但藉由練習，同理心也可能帶來更美好的事物，帶來一種對你和承受痛苦的一方都有幫助的東西。

那就是憐憫。

超越同理心

「世界上最快樂的人」不賺錢。他沒有房子，也沒有汽車。冬天一到，他便與世隔絕，住在尼泊爾的一處靜修所，這裡沒有任何日常用品和家具，連可以禦寒的暖氣設備都沒有。這個人就是馬修・李卡德（Matthieu Ricard），法國分子生物學家，後來成為藏傳佛教僧侶。

李卡德對於這個封號有點不好意思。這是十多年前一家英國報紙給他的封號，他說只是媒體炒作而已。不過，這個封號並非毫無根據。李卡德當時參與了一項為期十二年的冥想研究，期間經過多次腦部掃描，結果顯示出一些極不尋常的現象：在與正面情緒相關的區域，他的大腦活動程度是科學界從未見過的情況。換句話說，他非常滿足。

據說，李卡德在德國馬克斯普朗克研究機構（Max Planck Institute）接受功能性磁振造影掃描時，研究人員讓他觀看一些別人遭受折磨的影像。他們要他專注自己的感受，靜靜地感受目睹他人受折磨的痛苦。（基本上，就是要他去感受自己的同理心。）這樣進行了一段時間後，據說他乞求研究團隊：「能不能讓我改做憐憫練習？這太痛苦，我受不了。」令人驚訝，在同理心的基礎上加入憐憫後，他發現自己可以繼續目睹他人的痛苦，情緒也不會超出負荷。

惻隱之心改變大腦的力量

這就是憐憫的魔力——這是一種與同理心密切相關、卻又有微妙不同的特質。同理心意味著反映他人的情緒狀態，與他們一同經歷，而憐憫則是指一種對他人事務表達關心、關懷或溫暖的回應。憐憫也意味著行動：同理心可能只是理解完某人的感受後繼續前進，但憐憫還包含幫助他們或替他們出面的渴望。因此，憐憫能使我們從壓力和不知所措的狀態，轉變為溫暖和愛的狀態。憐憫使我們主動而非被動，我們變成伸出援手，而不是只會吸收痛苦的海綿。

當我們轉換到憐憫狀態時，大腦的化學反應也會隨之改變。頂尖的惻隱之心研究學者塔尼亞・辛格（Tania Singer）確實也發現到，在我們理解某人的痛苦（同理心）時和當我們想要溫暖回應某人的痛苦（憐憫）時，大腦的不同部分會活化起來。我們的心率減緩，釋放出「擁抱荷爾蒙」（bonding hormone）催產素，大腦中與關愛和愉悅相關的部分會亮起來。

辛格解釋，一旦有了憐憫，我們不一定會與他人一同經歷痛苦，但我們會擔心他們，並且產生幫助他人的強烈渴望。我們的同理心非但不會讓我們遠離他人，反而會讓我們與他人連結更深，並加強我們的社會聯繫。

先強調一點，同理心本身是一件美好的事情，這是所有敏感族群都具備的超能力。不過，空有同理心可能會讓我們的情緒不堪重負，這時候輪到憐憫發揮作用了，它讓我們能夠利用同理心去改變現狀。

理解同理心和惻隱之心的差異

同理心	惻隱之心
與他人感同身受	未必與他人感同身受
聚焦內在：關注我們自己的感受或想法	聚焦外在：渴望與他人建立連結，並且採取行動支持
可能會感到痛苦、折磨或苦惱；可能會使我們退縮，以緩解我們對他人痛苦的感受	荷爾蒙與大腦活動讓我們準備好提供協助、建立關係、給予關懷
臉部表情和動作通常是痛苦、悲傷或擔憂的樣子（畏縮、摀著胸口表達同感之類的保護性姿勢，看起來震驚或擔憂）	臉部表情和動作表現出對他人的支持（向對方傾身，靠近他們、眼神交流、輕觸、誠摯的關心）

心跳加快和緊張	心跳減緩和平靜
與負面情緒相關的大腦活動	與正面情緒相關的大腦活動
可能選擇與他人建立連結並提供關懷，也可能因此難過或選擇迴避他人	總是與主動接近或協助他人的動機相關
基本的生物反應，無須訓練就會自然而然產生	需要努力，沒有練習或目的的話，不容易激發惻隱之心

更棒的是，從同理心到憐憫的轉變，可以讓我們這個刺激過多的世界變得不一樣。我們在無數人身上看到這種轉變的影響，他們都以憐憫的心面對不幸，比如蘇珊・瑞蒂克（Susan Retik），她的丈夫在九一一恐攻事件中喪生，生活被硬生生打破，但她親身體會到社會大眾對九一一遺孀的大力支持對她的幫助有多大。然後，她看到了一群沒有獲得這類支持的婦女：阿富汗的戰爭遺孀，殺害她丈夫的凶手就是這個國家訓練出來的。這些婦女在丈夫去世後經常陷入貧困，甚至失去孩子。因此，當許多美國人產生伊斯蘭恐懼症和其他形式的仇恨時，瑞蒂克敞開了心胸，她感覺自己和阿富汗婦女不是敵人，反而有些共同之處。她開始募款，向兩個交戰國家伸出援手。不知不覺中，她已經與人共同創立了一個國際救援組織，幫助阿富汗婦女培養獨立收入所需的技能。瑞蒂克後來獲得總統公民獎章（Presidential

Citizens Medal），這是美國非軍事領域的最高榮譽，但她表示，這一切都源於一個平凡的目標：自己在最低潮時期接受到各界支持，她也要給予阿富汗婦女同樣程度的支持，哪怕只有一位也沒關係。

瑞蒂克並非特例，至少以高度同理心者的標準來說不是。她也是一項案例研究，顯示同理心（敏感族群與生俱來的力量）不只是帶給人愉悅的特質，而且是人類可以揮舞的最重要超能力之一。或者，至少在敏感人士學會從情緒傳染轉變為憐憫同理心（compassionate empathy）時，可以做到這一點。

問題是，我們該怎麼做呢？

如何從同理心轉變成惻隱之心

答案來自神經科學，也來自冥想，端看你把注意力放在哪裡，就這麼簡單。注意力就像一道聚光燈，能照亮某些事物，讓其他事物顯得暗淡。它所照射到的事物，都在你的心中變得更加明亮，這些事物反過來又會成為你的內在體驗——你的思緒和情感。舉例來說，回想上次你與主管進行績效評估的時候。關於你的工作表現，主管可能說了五個正面評價，負面評價只有一個！但如果你聚焦在這個負面評價，你人就會垂頭喪氣地離開會議。反之，如果你把注意力集中在主管提到的許多正面評價上，你就會感到情緒更加冷靜和穩定。

因此，為了培養惻隱之心，必須重新調整我們的聚光燈——把焦點擺在別人身上，而不是自己的感受和反應上。「如果沒有關懷和憐憫，同理心就是一種聚焦於自身的體驗，」神經科學家理查．戴維森（Richard Davidson）解釋說。「我們這樣會感到痛苦，並試圖解決自己的反應。憐憫則恰恰相反，我們不會陷入自己的感受和反應中。我們的注意力，注入了關懷和幫助的動機，都放在別人身上。根據定義，憐憫總是以他人為中心。」憐憫的立場：「我現在的感覺並不重要。此刻，你才是最重要的。」

在當下轉換成憐憫心態可能很難，但透過練習，這種轉換會變得越來越容易。你甚至不需要強迫自己對他人產生溫暖、親切的感覺，只需要轉變你的態度或戴維森所說「傾向」（orientation），在能力範圍內提供幫助。憐憫可以是一個小小的舉動，比如傳訊息關心朋友或替鄰居提重物。有時，憐憫意指挺身而出，對抗惡霸、反對不公，以及解決我們世界的大問題。

喚醒惻隱之心的冥想

憐憫冥想是經證實有效的轉移注意力方法之一。這類冥想有很多種，通常以仁慈實踐為名，並借鑑佛教的根源，也有一些完全世俗化不涉及宗教；但無論哪種方法，效果都一樣。你可以在網路上或冥想應用程式中輕鬆找到憐憫冥想的語音指南。我們最喜歡「願你所愛一切安康：靜坐練習」（Wishing Your Loved Ones Well: Seated Practice），這是戴維森的非營利組織「健康心靈創新」（Healthy Minds Innovation）製作的冥想指南，可以在「健康心靈計畫」（Healthy Minds Program）應用程式中免費使用，也可以在串流音樂平台SoundCloud上免費收聽。

這種冥想是先將憐憫的焦點放在自己身上，然後延伸至正在受苦的人，最終擴展到更廣泛的世界。你可能會想到或重複「願君諸事順利」或「祝你幸福、平安、健康、強壯」之類的話語。這些簡單的肯定話語雖然不能讓生活變好，但確實能讓你的心靈在需要憐憫時做出不同的反應。冥想的意義在於讓你一整天都保持平靜、憐憫的心，這種心態使你更懂得如何回應正在受苦的人。如果你經常進行冥想，這種心態就會自然而然形成。

被稱為「最快樂的人」的李卡德採用了類似的實踐方法，他對憐憫的觀點與戴維森一樣。如果考慮他人的痛苦只會增加我們的煩惱，李卡德堅定表示：「那麼我們應該用另一種方式來看待它。」答案就是「不要過度聚焦在自己身上」。他說，當我們激發惻隱之心時，勇氣就會增加。而勇氣，正是敏感族群在這個刺激過多的世界中做出改變所需要的東西，因為勇氣能讓人在苦難面前變得堅強。

敏感人士實踐憐憫時，不只是讓他們在風暴中有了舵槳，也使他們成為別人的方舟。沒有什麼比一個擁有堅定同情心的人的存在更能帶來平靜。他們關心別人，但不會驚慌失措；他們仗義執言，但不頤指氣使。憐憫是一種所有人都能理解的語言，而敏感族群是能夠細膩表達這種語言的人。敏感人士表現出憐憫時，他們就會散發信任、可靠、關懷和真實的光芒，這正是我們現在世界最需要的。

其他減輕同理之苦的方式

這裡還有一些你可以做的事情，強化你的惻隱之心，減輕同理心帶來的痛苦。

優先善待自己（self-compassion）。某些研究人員認為，同理心的苦惱（empathic distress）在我們生活中發揮著重要的保護作用：它會在我們不斷付出到精疲力盡的時候啟動。有了這樣的理解，你就不會因為滿足自己的需求而心生內疚。事實上，照顧自己和善待自己是經過研究驗證的方法，確保你具備足夠的心理資源去憐憫他人。當你開始被別人的情緒壓得喘不過氣時，要意識到這一點，允許自己休息一下。關掉新聞或放下手機。與那些不斷給你帶來壓力和消極情緒的人劃清界限。設定界限並不表示你對他們的痛苦漠不關心或無動於衷，而是指先善待自己，並為自己的付出設定健康的界限。換句話說，要照顧別人，請先照顧好自己。

找到較小、可行的步驟（Find smaller, actionable steps）。研究顯示，一個人若認為自己無法改變現狀，就不太可能產生憐憫，而更有可能感到同理之苦──例如，從新聞中得知戰爭、暴力或其他不幸的消息。因此，找出一些做得到的小行動，對你自己和需要幫助的人都有很大的影響。當你覺得助人相當困難甚至不堪負荷時，不妨設法將需求分解成較小、較容易實現的部分。例如，棄養動物被安樂死的數量讓你感到痛心，但你可能找不到禁止安樂死的收容所，或者無法擔任動物收容所的志工，收養每隻需要幫助的動物就更不可能了。不過，你也許可以捐錢給動物收容所，或是在毛小孩找到家之前暫時收養。又或者，你可以在社群媒體平台分享這些動物的資料，鼓勵朋友和熟人去領養。

專注於感受正面情緒（Focus on catching positive emotions）。可以的話，盡量培養同理

心的愉悅（empathic joy）。為了培養這種愉悅，你要加倍發揮同理心，只不過方向相反：你得專注於感受他人的快樂。研究顯示，慶祝他人的好運時，自己大腦的獎勵系統也會啟動；這種啟動會提高我們的幸福感，並與更高的生活滿意度和更有意義的人際關係相互影響。幫助他人的渴望也更強烈，且意願（惻隱之心）更大。你可以透過各種方式感受他人的快樂，分享他們的勝利和里程碑，認可並稱讚他們的個性優點，如善良或幽默，或者觀看孩子或動物玩耍。另一種方式是專注於你的努力所帶來的積極效果。例如，難過不已時，別老是想著仍然需要幫助的人，請回想一下你已經改變的生活。

正念練習（Practice mindfulness）。布魯克・妮爾森（Brooke Nielsen）是一位治療師，也是高敏感族群治療中心（Therapeutic Center for Highly Sensitive People）的創始人，她提供了一個簡單的正念練習，幫助你找出情緒傳染。她建議，花點時間問自己：「這種感覺是我的，還是別人的？」答案可能很明顯，也可能需要花點時間去釐清你的情緒。如果你意識到自己與某人互動後感受到某種情緒，那麼這種情緒可能來自那個人。要注意那些看似是你的、但實際來自他人的潛在情感。例如，和朋友喝完咖啡後，你感覺心情沉重。其實這種情緒是別人的——你的朋友因為分手而心情沮喪，而你吸收了那種感覺。如果這種情緒不是你的，那就要貼上標籤註明。想像你面前有兩個桶子，一個標註「我的」，另一個標註「不是我的」。將這些情緒在心中放入「不是我的」的桶子裡，然後想像你將它交還給它的主人，讓他們帶走——現在這個情緒正式交由他們處理了。由於情緒可能不容易擺脫，你會需要進一步視覺化。在一天結束時，妮爾森喜歡想像用吸塵器把一整天不必要的壓力和情緒都吸走。這種作法有助於擺脫連她自己都沒有意識到的感染性情緒，並建立清晰的心理界限，表示她已經處理完畢。

保持好奇心（Get curious）。我們很容易注意到別人的感受，並以為自己瞭解他們。畢竟，敏感族群擅長解讀肢體語言和其他線索。然而，我們的觀察未必總是正確，也看不到事情的全貌，因為沒有人能真的準確明白別人心中在想什麼。看似散發憤怒氣息的人，實際上可能並沒有生氣，也許只是沒睡飽或因為其他毫無相關的問題而心情低落。所以，要保持好奇心，詢問他們怎麼回事。即使我們的假設正確，人們通常也喜歡有人傾聽，深入了解他們的處境有助於你保持自己的情感獨立，而不受情緒傳染的影響。如果對方表達出非常強烈的情緒，應注意觀察這些情緒但不要吸收進來。其中一種方法是想像你和對方之間有一道玻璃牆，這道牆使你能夠看到對方的感受，但這些感受無法穿過玻璃，而是反彈到對方身上。

在世界邊緣的生活

也許，讓瑞秋・霍恩感到不知所措的第一個跡象，是當地人給她的建議：「希望妳有帶點保暖的衣物。」她和佛洛里安在蘇格蘭海岬進行背包旅行，身上只帶了單薄的睡袋和幾件羊毛衫。這些根本不夠抵禦北海的寒風。正式來說，那時候是夏季，但霍恩還是在黑暗中捱過了許多冷到發抖的夜晚，有時甚至陷入早期低溫休克狀態。幸好有佛洛里安和他的銀色鋁箔求生毯，才讓她不至於用到緊急醫療救援服務。

伙食也不怎麼樣。他們在無人島上度過幾個星期，必須攜帶輕便、高熱量、容易烹煮的食材。主要是簡單用水煮熟的義大利麵。渴望調味的霍恩，像幾個世紀以來的當地蘇格蘭人一樣，學會了採集海藻。有時候，她在晴空下覓食；有時候，她被橫飛的大雨淋成落湯雞。她說，那是她一生中最難熬的時光。

不過，也是最美好的時光。霍恩每天都漫步在廣闊的海灘上，徒步旅行，或者坐在海崖邊，眼前只有天空。老鷹在頭頂翱翔，海豚在大洋穿梭。有時，她會創作詩歌，有時，她只是享受當下的存在。最重要的是，她敏感的心靈得以自由奔馳，不受干擾。她在一次訪談中與我們分享她的經歷：

> 這是我人生第一次有了療癒自己的時間和空間。沒有社群媒體告訴我要喝排毒茶減肥，沒有廣告告訴我內心的空洞可以用新比基尼和漂亮的高跟鞋填滿。沒有洗衣機、手機或超市結帳的嗶嗶聲。我暫時擺脫了匆忙的現代生活，逃離了一天之內感受上百種不同人的情緒。我完全退出主流社會，這是我送給自己最寶貴的禮物。

在島上遊蕩了三個月後，她和佛洛里安的生活提升了。他們整修一輛老舊的廂型車，把它變成了小型的移動式居住空間。他們會把車停在法國的山區或偏遠的海灘，唯一回到文明世界的時候是為了採買雜貨或見見朋友。在這些旅途中，霍恩遇到了許多不可思議的人，他們像她一樣希望改變世界：離群索居者（off-gridders）、覓食者（foragers）、有機農夫等等。她說，這些人最終啟發她「停下來」的想法。她和佛洛里安結了婚，然後在法國一間小屋定居，如今霍恩在那裡照顧一個再生花園。她甚至找到了一份新工作，這份工作對她的敏感天性負擔較小，但仍能讓她有所作為：擔任一家國際教育慈善機構的全職研究撰稿人。

霍恩會第一時間告訴你，她的生活方式未必適合每一位敏感人士。但對她來說，這正是她所需要的，讓她在難以抑制的情緒中暫停一下。這個停頓給了她一個機會，去建立適合她敏感天性的生活，而不是壓抑敏感天性，這種生活能讓她以不同的方式挖掘自己深藏的同理心。

「高敏感族群對於事物的處理都非常深刻，」她寫道：「我們不會甘於埋藏自己的真實情感，過著別人告訴我們應該過的生活。無論你的夢想是浪跡四海還是享受豪邸生活，都沒關係。重要的是敢於問自己，你真正想從生活中得到什麼，然後帶著信任和勇氣朝你的夢想邁進。」

第6章
全心全意的愛

「有些關係帶來的幸福感極大、幾乎讓人無法承受，然而，這種關係只有在兩個內心豐富的人之間才可能發生……，將兩個廣闊、深刻、獨特的世界聯繫在一起。」

——萊納．瑪利亞．里爾克（Rainer Maria Rilke）

布萊恩遇見莎拉時，並不是一見鍾情。他笑著說：「我當時只是她哥哥那位討厭的朋友。」雖然他們在高中就結識，但直到幾十年後，開始透過臉書互傳訊息，兩人才建立了更深入的聯繫。那時候，莎拉是撫養兩名幼童的單親媽媽。以布萊恩的話講，她的家人「不太支持」她的離婚決定。

但布萊恩與莎拉認識的其他人不同。他很善良、溫柔，他願意傾聽她的心聲，不帶任何判斷，支持她面對生活的困境。很快，他們每天都會聊上好幾個小時，每個週末都會見面。布萊恩在密西根州的家中與我們交談，他的用詞謹慎，經常停下來思考。他告訴我們：「我可能不是最浪漫的人，但我能夠傾聽她、滿足她的情感需求。」他說，莎拉不是因為他的敏感才愛上他的，但正是因為他的敏感，兩人才會產生感情。

沒過多久，他們兩人都準備邁出下一步。短短交往八個月，他們便在親友的見證下於當地一家宴會館舉行了婚禮。布萊恩、莎拉和她的孩子們搬進了同一間屋子，如同莎拉所形容的，這就是「速成家庭」（instant family）。布萊恩成了繼父，與他的新繼子們分享對棒球的熱愛。與一些其他男人不同的是，即使孩子們舉止不當或犯了錯，他對孩子都很有耐心。

但不久後，事情開始變了樣。家庭生活加上撫養孩子帶來的所有壓力，與布萊恩過去獨居的單身生活大不相同。布萊恩和莎拉發現他們的爭執越來越多，而這些爭執更加劇了他們性格上的差異。布萊恩告訴我們：「她是那種想要立即解決問題的人，而我是那種需要退一步思考的人。」莎拉也同意他們處理分歧的方式「截然不同」，這對布萊恩來說很難，因為她「太直接」。

由於某些布萊恩難以理解或無法向莎拉充分解釋的原因，這些爭執真的讓他感到心煩意亂。他只知道在吵架過後，自己會有一股想要遠離家裡一段時間的強烈衝動。他會坐在沙發上看電視或獨自走到外面，有時甚至得冷靜個三四天才會想和莎拉說話。而且不只是爭吵過後，布萊恩才想要獨處。他發現自己在忙完一天的工作後，或者家庭終於有一些休息時間的週六夜晚，他也會想要獨處，但莎拉認為這個時候他們應該去約會，或者規劃與友人聚會。

對莎拉而言，布萊恩的這些逃避行為毫無道理。她認為布萊恩只是小題大作，自顧自的；布萊恩避而不談那些引起爭吵的問題，只是讓她更加心煩意亂。更糟的是，布萊恩似乎不再喜歡和她在一起的時光。

他們的婚姻岌岌可危，布萊恩覺得自己不僅是一位失敗的丈夫，還是一位失敗的男人，他患上了嚴重的憂鬱症。他告訴我們：「男人不應該敏感，社會看不起這樣的男人。」有一次，莎拉提出離婚要求，布萊恩同意了。然而當天下午，兩人又改變心意，因為他們發現彼此都不想分開。儘管如此，有些事情必須改變，不光是為了他們自己，也是為了他們的孩子。布萊恩似乎即將失去他一生中最愛的人。

敏感族群的關係難題

正如我們所見，敏感族群往往認真負責，具備高度的同理心，因此你可能以為，他們自然而然就會建立起穩固、健康的人際關係，無論是友情還是愛情。但敏感族群往往不以為然：人際關係是他們人生最大的挑戰之一。以下是一些敏感人士自述他們在婚姻和友誼中碰到的一些難題。你遇過幾項？

- 比另一半或朋友需要更多的休息時間從刺激中恢復過來。
- 面對爭吵、提高的音量或其他沮喪或憤怒的表達方式（如摔門），容易感到不知所措，與親人衝突過後，需要比其他人更長的時間來平復心情。
- 把另一半、孩子或朋友的需求置於自己的需求之上，以至於讓自己筋疲力盡、過勞或者失去自我。
- 擅長解讀他人的情緒，以至於他們無法在你面前隱藏他們的情緒，反過來，你也會把這些情緒當作自己的。
- 可能被更強勢、更大聲、更具侵略性的個性所影響，並因此產生怨恨、受傷或遭利用的感覺。

- 成為自戀者或其他有害、控制欲強的人的目標。
- 深受他人言語的影響，特別是批評和指責。
- 容易被意外事件、流言蜚語或不經意的話語擊垮。
- 覺得被別人誤解，因為你的敏感性導致你對這個世界的感受不同。
- 渴望更深層次的心靈、情感和性聯繫，而很多人卻無法滿足你的需求。
- 找到「你的知己」——那些理解你、尊重且珍惜你的敏感性的人。

再次重申，如果你遇過上述任何一項情況，這並不表示你有什麼問題，你也不孤單——你只是在一個相對不那麼敏感的世界裡的一位敏感人士。敏感族群專家伊蓮・艾倫甚至表示，整體而言，敏感族群在人際關係的幸福感通常不如相對不那麼敏感的族群。這是她進行一系列比較婚姻中敏感族群和不那麼敏感族群的研究後所得出的結論。具體而言，敏感族群自述在婚姻感到更加「乏味」和「一成不變」；這些感覺是日後關係不幸福的關鍵預兆。為了探究原因，艾倫向他們提出幾個問題，如「在親密關係中感到乏味，通常是因為你希望對話更深入或更具個人意義嗎？」和「你喜歡花時間反思或思考你經歷的意義嗎？」不出所料，敏感族群對這兩個問題都回答肯定。

聽聽他們怎麼說：你在關係中遇過什麼挑戰？

「我總是優先考量另一半的需求，而忽略掉自己的需要。這有時讓我錯過了一些典型的倦怠信號。有時候，我開始覺得自己被忽視、遭冷落，甚至被認為是理所當然，我傾注了所有的關愛，卻感覺不到自己的付出得到回報。」

——蘭妮莎

「我最大的挑戰是找到能真正與我建立情感聯繫的人，他理解我、傾聽我，像是我的『知己』。我似乎經常找錯對象，他們往往挑戰我的底線，觸發我的個人弱點：喜怒無常、迴避衝突和堅持己見。在愛情中，我是無可救藥的浪漫主義者、追求完美愛情的夢想家、對愛情期望很高的理想主義者，卻往往受到現實的磨練。」

——威廉（William）

「我非常注意我丈夫臉上的細微變化，例如他對某事不感興趣的時候。儘管他認為自己掩飾得很好，我還是看到了，並對此做出反應，感覺很受傷。然後我就會疑惑為什麼他有那種感覺，並試圖找出原因。」

——艾瑪（Emma）

「我覺得最難過的是丈夫無法理解我，沒有可以深入溝通的時候。雖然他有能力進行相當深入的對話，但如果我想進一步深談，他就無法理解或不想理解。他的思維講求邏輯性，而且非常直接，所以有些時候覺得他聽不懂我說的話，也不了解我。」

——蘿拉（Laura）

還有哪些可能的因素導致敏感族群在感情中不那麼幸福呢？雖然不是所有敏感族群或每段關係都一樣，但這裡有些可能的因素。其中一個因素是，敏感族群對世界的體驗不同，需求也不同。通常，敏感的人與不那麼敏感的人配對，一般來說，這種組合是好事：不那麼敏感的朋友可以帶領我們展開新的冒險，不那麼敏感的另一半可以在伴侶感到力不從心時挺身而出。不過，就像布萊恩和莎拉的情況，相反特質互相吸引時，肯定會產生誤解。

如同敏感族群的皮膚對新牛仔褲的硬度有更強烈的感覺，他們的內心對於批評的意見也有更強烈的反應。而且，敏感族群（即使是外向型）也需要比其他人更多的休息時間。不那麼敏感的另一半或朋友可能會認為這種需求是錯的或沒禮貌。有位敏感人士告訴我們，她在社交場合容易感到不安，這對她的婚姻造成了壓力。在大型派對或喧鬧吵雜的餐廳裡，她很容易感到疲憊。然後人就變得煩躁、冷漠、想回家，而她的丈夫想留下來享受現場氣氛。在這種情況下，兩人的反應都沒有錯；他們只是以不同方式生活。不過，如果這些誤解得不到解決，敏感人士可能會感到孤獨和孤立。

壓力也是一個因素。正如我們所見，敏感的大腦會深度處理訊息，所以敏感族群往往比不那麼敏感的朋友或另一半更容易感受到壓力和焦慮。例如，布萊恩發現自己難以適應喧鬧混亂的家庭生活，有小孩子在，這種情況無法避免。其他敏感人士表示，與室友或家人共用一個生活空間會讓他們感覺壓力很大。正如我們在第四章中看到的，他們容易達到過度刺激的狀態，需要一個安靜的避難所，但當周圍都是不理解你的人時，找到避難所是不可能的任務。

更多的需求

不過，終究有一個因素是最重要的。敏感族群一再告訴我們：他們需要關係中有更深層次的連結才能感到滿足。如果沒有這種更深層的關係，他們總會覺得缺少了某些東西。對珍（Jen）來說，確實如此。她是一位敏感人士，發現自己很難遇到像她一樣願意展現真實和脆弱的人。她告訴我們：「談論個人的困難和深層問題對許多人來說太可怕了，令人不自在。」但閒聊又無法滿足他們對於深層交流的需求。因此，她對交往對象越來越挑剔，而且很遺憾，她從未有過真正的好友。

珍並非特例。事實上，尋找有意義的人際關係變得越來越難。根據最近的「美國觀點調查」（American Perspectives Survey），美國人擁有的親密友誼比過去少，與朋友交談的次數減少，並且對朋友支持的依賴也降低。這種關係赤字（relationship deficit）情形對男性來說更為明顯。美國人的結婚年齡也比以往更晚，並且搬遷流動性更大，這兩種趨勢與孤立和孤獨密切相關。歸咎誰都沒關係，歸咎於城市、社群媒體、核心家庭、汽車文化，或者歸咎於我們這個忙到不可開交的世界，但大多數人的人際關係需求都沒有得到充分的滿足。

在這裡，我們可以向敏感族群學習。當社會出現關係赤字時，敏感族群試圖拉近我們的距離。他們比一般人更想從關係中得到更多，層次更深、連結更多、關係更緊密。事實證明，這種本能是好的：穩固的人際關係有許多好處，例如讓人更長壽，更快從疾病中康復，使你更快樂並在工作中更有生產力。哈佛醫學院甚至指出，社交關係對於健康的重要性，不亞於夜晚良好的睡眠、健康飲食和不抽煙。另一項研究的結論是，人際關係是我們生活中最寶貴的事物：當我們感受到他人的關愛和接納時，對物質財富的重視度就會降低。我們不太重視財富，可能是因為有意義的關係提供了一種自在、安全和保護的感覺。

然而，我們已經看到，許多人（尤其是敏感族群）發現他們的人際關係缺乏某些東西。那麼敏感族群該怎麼辦呢？你能擁有你渴望的那種關係嗎？答案既是否定，也是肯定。

婚姻或任何其他長期伴侶關係的目的隨時間發生了變化，這已經不是什麼秘密。過去婚姻不是基於愛情，而是基於經濟保障，也許是嫁妝，也許幾塊農地，也許只是為了家族企業結盟的聯姻。歷史學家認為，這種婚姻模式不僅存在於富裕階級，也存在於平民、甚至是狩獵採集者的群體之中。婚姻是一種整合資源、分擔勞務、建立家族聯繫的方式。在世界上的某些地方，這種模式至今仍然是常態。例如，在南蘇丹，任何婚姻都需要以牛作為嫁妝。如果新人彼此喜歡，嫁妝的價格可以打折，但婚禮仍要按慣例進行；愛情更像是一種額外的福利，而非必需品。我們對於靈魂伴侶式、深刻愛情的追求，是相對較新且西方獨有的文化。

不過，社會心理學家伊萊・芬克爾（Eli Finkel）認為，在現今世界裡，即使有愛情也不夠。芬克爾開始繪製人們對婚姻期望的變化圖，他說，現在許多夫妻期望他們的關係能夠促進個人的成就感和成長。當然，我們仍需相互吸引的化學反應，但我們也希望有人可以幫助我們成為最好的自己，發揮我們的全部潛力。可想而知，這種期望為婚姻帶來了巨大的壓力，大多數婚姻在這方面都沒有達到期望。事實上，根據芬克爾的說法，今天的平均婚姻在滿意度和離婚率方面，都比過去的平均婚姻表現還差。但他從統計資料中發現了另一個現象：今天的最佳婚姻比過去的最佳婚姻還穩固，更準確地說，這些關係良好的婚姻是有史以來最穩固的。顯然，滿意度高的關係是可以實現的，只是需要付出很多努力。

芬克爾會第一時間告訴你，這種類型的關係並不適合每個人（沒關係）。要維護這種關係，不僅需要持續努力，而且可能讓人感到不舒服：在情感上挑戰自我。他將其比喻為電影《尋找新方向》（Sideways）中的一幕，保羅・吉馬蒂（Paul Giamatti）所飾演的紅酒鑑定師在思考栽種皮諾葡萄有多難：

> 這種葡萄皮薄、善變、早熟。你知道的，它不像卡本內那樣好養，可以在任何地方生長，即使放手不管也能茁壯成長。但皮諾不是，這種品種需要不斷照料和關注。知道

嗎，事實上，它只能生長在世界上特別隱蔽的小角落。只有最具耐心和愛心的種植者才能辨到。只有真正花時間了解皮諾潛力的人，才能讓它的潛力發揮到極致。然後，我的意思是，哦，它的風味，是地球上最迷人、最燦爛、最令人激動、最微妙、最古老的味道。

換句話說，優質的皮諾葡萄酒，或是建立在深厚滿足感上的戀情，是絕世罕見的美麗事物。之所以罕見，是因為難以培育。這就是芬克爾給予希望的地方。就像種植皮諾葡萄一樣，他說，培養一段深刻而有意義的關係，需要時間、努力和特定的人。什麼樣的人？芬克爾表示，他們必須擁有情感投入、同理心和自我反思等特質，基本上就是敏感族群的優勢。換句話說，敏感族群不只是喜歡喝皮諾，他們還非常適合種植皮諾。

聽聽他們怎麼說：你在人際關係中的優勢是什麼？

「我相信敏感讓我成為更好的朋友和妻子。我能夠深入理解朋友的感受，深入到每一個細胞！我無法給予表面的『祝賀』，因為我從別人的喜悅中感受到真正的快樂。反之，如果朋友遇到困難或考驗，我能夠與他們站在同一邊，安撫他們。能夠成為我丈夫和朋友的避風港，對我來說是很特別的體驗。」

——蘭妮莎

「敏感特質使我沒有那麼自私，所以我在做決定時，會盡量符合每個人的最大利益，不會只考慮我自己。」

——珍（Jen）

「身為敏感族群，我的優勢在於我知道別人何時會有痛苦的感受。他們可能嘴巴說沒事，但我感覺得出來哪裡不對勁。相信自己的直覺有助於我的生活和人際關係的各個方面。」

——薇琪（Vicki）

「許多朋友告訴我，我是他們認識的人當中最善良的一位。我最好的朋友喜歡我們任何事情都可以聊得很深入，而不帶任何批判。」

——費莉絲（Phyllis）

如何讓你的關係更有意義

敏感族群究竟該如何發揮自身的優勢，創造他們渴望的「皮諾」關係呢？芬克爾認為，最好的伴侶關係是兩人都對這段關係抱持較高的期望，然後投入足夠的努力，確保這段關係能夠達到這些期望。為了這個目的，兩個人可能會在婚姻的優勢上（即兩人契合的部分）加倍努力，而在契合度較低的部分減輕壓力（或降低期望）。舉例來說，某位敏感的女性覺得聚會和餐廳對她的刺激過大。芬克爾可能會建議這位女性和她的另一半，只要接受他們在這方面的不同，就可以減輕壓力。與其勉強她參加這些活動，搞得疲憊不已，不如丈夫同意獨自前往或夥同友人參加這些活動，妻子出席重要的場合就好。然後，這對夫妻可以在他們共同喜愛的事物上加倍投入，比如一起旅行或觀看某些電影。

如果你的情況與這對夫妻不同，可能你正和一位與你一樣敏感或更敏感的人交往。與另一位敏感的人一起生活很棒，兩人可能都很有責任感、關懷他人、喜歡深入交流和培養興趣。你和另一半可能都非常渴望緊密和有意義的生活，而且可能都比較喜歡慢一點、簡單一點的節奏。然而，兩個人都敏感並不能保證這段關係一定順利發展或特別有意義。在某些方面，這種組合可能格外棘手。例如，也許你們都避免衝突，或者容易受到日常生活的過度刺激。又或者，你們敏感的方式不同，一位可能對環境的雜亂感到困擾，另一位不在意雜亂，但對噪音很敏感。在這種情況下，你和另一半需要尊重彼此的敏感特質，並尋找不會讓你們負擔過重或超越極限的妥協方案。

這裡有些方法可以讓敏感族群的人際關係更穩固，也討論了一些可能限縮關係意義的習慣。無論對方是否和你一樣敏感，這些建議都會有所幫助。

對衝突感到安心

正如布萊恩所發現的，如果你是敏感族群，與另一半爭吵可能會對你造成難以置信的過度刺激。研究人員發現，夫妻間的衝突會產生與戰鬥壓力相同的生理反應，包括心跳加速、焦躁不安、對於所接收的訊息判讀錯誤，當然還有威脅模式。為「敏感族避風港」撰稿的梅根・葛利菲斯（Megan Griffith）這樣解釋：「與先生意見不合時，我甚至無法專注於爭吵的實際話題。我反而會被先生的感受（加上我的感受）牽著鼻子走，導致情緒不堪負荷，最後不是沉默不語，就是開始哭泣。」許多敏感人士對這種「戰鬥壓力」的感受更加強烈，難怪許多人自述他們傾向避免衝突。或者，像布萊恩一樣，在衝突過後需要長時間的休息，以舒緩過度勞累的神經系統。

然而，針對敏感族群的婚姻治療師艾波爾・斯諾（April Snow）表示，避免衝突一定會限制任何關係的深度。當然，每段關係都會有「忍一時風平浪靜」的時候，可是這種方法不應該成為常態。如果有人越過重要的界限，你應該大聲說出來。如果別人挑起衝突，你不一定非得安撫對方或隱藏自己的感受以維持和平。雖然這些策略可能會在短時間內緩和分歧的激烈程度，減少你可能感受到的過度刺激，但壓抑到最後會導致更多的憤怒、怨恨或其他形式情緒爆發。

斯諾指出，迴避衝突時，「對方永遠不會了解到真正的你、完整的你」。與你最親近的人永遠無法了解你心中的想法，例如是什麼事情困擾著你，或者你真正的感受。雖然聽起來違背直覺，但衝突實際上可以鞏固關係，她解釋，因為「你學會如何解決問題，可以練習在困難時刻互相扶持。」

有一種方法可以立刻讓敏感族群對衝突感到安心，那就是在人際之間禁止大呼小叫、猛力甩門、翻白眼、詆毀、辱罵、恐嚇和其他強烈表達憤怒或失望的行為。如果你或對方在衝突過程中感到情緒激動，請彼此休息一下，直到這些情緒變得沒那麼強烈為止。有對恩愛的敏感夫妻想出了一個代號——「風暴警告」（storm warning），他們可以隨時使用這個代號。只要任何一方說出這個代號，兩人都必須立即停止討論，記錄時間，然後休息三十分鐘。在休息期間，他們會做點事情讓自己冷靜下來，比如寫日記、散步，或者找些激發創造力的事來做。三十分鐘過後，他們可以繼續對話，或者在二十四小時內約定下一次的談話時間。這種作法可以讓他們放心，問題不會被否定或忽視，也讓彼此在回應之前有時間思考自己的想法。等到下一次討論問題時，他們可以採取更有效、不那麼情緒化的方式進行。

斯諾也建議敏感族群採取正念態度來面對衝突。她說，在激烈爭辯的時候，人很容易陷入自己的想像，或者由焦慮情緒接管。為了對抗這種傾向，可以啟動你的感官，將思緒帶回當下。覺察自己的呼吸，感受雙腳踩在地上，找個物品集中注意力，或者從減輕過度刺激的工具包中運用其他任何策略。嘗試與你自己的感受保持聯繫，而不是被對方的情緒帶著走。要達到這個目的，你可能需要時不時中斷與對方的眼神接觸，靜靜地關注內心的變化——你自己的感受和身體感覺。提醒自己，在衝突中感到不適很正常，同時，你的感受和需求與對方的感受和需求一樣重要。

如果你面對的是高衝突人士，經常大呼小叫、扭曲事實或不分青紅皂白就開罵的人，該怎麼辦？高衝突研究機構（High Conflict Institute）的比爾．艾德（Bill Eddy）對高衝突人群（high-conflict people）的定義為，行為模式不是減少或解決衝突而是增加衝突的人。這類人容易把自己製造的問題歸咎於他人，採取以非黑即白的思考模式，無法控制自己的情緒，面對不同情況經常會有極端的反應。你不能控制高衝突人士的所作所為，但你可以努力學習控制自己的反應（而且你可以決定他們的行為對你生活的影響程度）。如果你的朋友或家人具有高衝突人格，我們建議你學習特定的策略來回應他們。這些策略可以透過艾德的書籍或高衝突研究機構的免費播客資源取得。

提出自己的要求

臨床心理學家麗莎．費爾史東（Lisa Firestone）從事伴侶關係輔導長達三十年，根據她的經驗，大多數人很容易指出自己在伴侶關係中不想要的事情，即伴侶的缺點，卻難以開口說出自己想要的事情。敏感族群也不例外，事實上，他們可能更難開口。他們的沉默通常出於善意：敏感族群通常很認真負責，不想給別人添麻煩或造成不便。然而，這種傾向會使他們的需求得不到滿足，可能磨損任何關係中的意義。相反地，提出自己的要求可以建立情感的親密關係。正如費爾史東解釋的那樣：「當你坦誠、直接並以成熟的態度說出自己的需求時，你的另一半更有可能以積極、開放且個人化的方式回應。」

敏感族群也可能掉進這樣一個陷阱：期望別人能讀懂他們的心思、預測他們的需求。這不難理解，因為敏感族群本身擅長解讀他人心思，預測別人的需求。然而，如果你是敏感族群，你可能需要學習直接表達自己的需求，也許比你希望的還要更直接，特別是如果你和不那麼敏感的人交往的時候。不要期望別人能夠像你一樣知道你在想什麼。記住，你是獨一無二的，你遇到的大多數人都不會擁有你的超能力。

身為敏感族群的你，可能會因為自己的敏感而感到自卑，覺得自己有缺陷或不完美。你可能會懷疑自己是否有資格要求自己想要的。請記得，你的需求和渴望與他人一樣重要。當朋友疲倦時，你絕對不會說他沒資格休息，當朋友需要幫忙時，你絕對不會說他沒資格向別人求助。我們教導孩子「待人如己」的普世價值，敏感族群通常要反過來看：「待己如人」。

提出自己需求的時候，應避免使用受害者語言。費爾史東解釋，你的話應該如實反映出自己的願望，而不是以命令方式提出你的需求，或者期望你應該有權得到什麼。同樣，也要避免使用「你」的陳述句表達責備。以下是費爾史東提供的三個例子，教你在一段關係中如何表達需求：

- 與其說「你看到我似乎不再感到興奮」，不如說「我想感受到你對我的渴望」。
- 與其說「你總是心不在焉」，不如「我想要你的關注」。
- 與其說「你從來不幫忙」，不如說「有人幫忙做這個或那個時，我覺得輕鬆許多」。

願意展現脆弱

近來，脆弱性受到了許多研究人員的關注，其中社會學家布芮尼・布朗（Brené Brown）尤其引人矚目，她是暢銷書《脆弱的力量》（*Daring Greatly*）的作者。布朗發現，人際關係中適當的脆弱有助於增加信任感，加深與他人的連結。同時也能帶來更深入、更具個人意義的對話，正是敏感族群所渴望的。正如作家兼婚姻治療師羅伯特・格洛弗（Robert Glover）的名言，適當的脆弱是敞開心扉，展現你的「缺陷和人性的不完美」。敏感族群天生會展現出自己的脆弱，但在人生某些階段，他們可能被灌輸一些觀念，覺得自己不應該這樣。由於「堅強的迷思」的存在，社會傾向把脆弱視為缺點。

藝術家也知道，要分享他們的藝術，就必須展現脆弱性，沒有其他方法：你要把發自內心和靈魂的東西坦露出來，一旦公諸於眾，就會受到評判、解讀和批評。然而，藝術作品是我們分享意義的方式。賽斯・高汀（Seth Godin）在他給大人的繪本《V代表脆弱：走出舒適圈》（*V Is for Vulnerable: Life Outside the Comfort Zone*）中這樣解釋：

> 當我們真正分享自己創作的藝術時，脆弱是我們唯一能感受到的。當我們分享作

品，建立情感連結時，我們已經轉變權力結構，在我們給予藝術禮物的人面前赤裸裸地呈現。我們沒有藉口，沒有手冊指引，沒有標準操作程序可以保護我們。而這正是我們天賦的一部分。

脆弱並不表示過度分享你生活的所有層面，也不是令人痛苦的直率或嚴苛。脆弱不是達到目的的手段，不應該利用脆弱使他人感到內疚，或藉以控制和操縱他人。以下是在人際關係中增加脆弱性的健康方法：

- 承認某件事情對你來說很困難、讓你沮喪或害怕。
- 告訴某個人，你欽佩、尊重、受吸引或愛他們。
- 願意分享你過去的故事，無論是正面還是負面的經歷。
- 當別人傷害了你時，告訴他們。
- 表達你真實的感受（即使是負面的感受），不要基於禮貌而掩飾情感（悲傷、沮喪、失望、尷尬等）。
- 分享你的意見，即使你認為別人可能不認同。

- 需要時開口求助。
- 提出你想要的。

慎防自戀者和其他惡毒或控制欲強的人

如果你發現自己與自戀者（或虐待、控制等其他類型的人物）建立了關係，你可能無法清楚表達自己正在經歷的事情，但有一種揮之不去的感覺，認為事情不太對勁。自戀者認為自己比他人優越，這種態度可能以微妙的方式展現。例如，他們可能會忽視專業的建議，或者對餐廳的服務過度挑剔。自戀者缺乏同理心，甚至對待家人朋友也是如此，他們認為自己有資格獲得關注、成功和特殊待遇。《感知與感性》（*Sense and Sensitivity*）一書的作者黛博拉．沃德（**Deborah Ward**）解釋：「去問任何一個高度敏感的人，他們都會告訴你，在人生的某個階段曾與自戀者往來過。大多數人當時並不曉得，但漸漸地，他們開始感到被占便宜，被利用，並思考著如何脫離這段關係。」即使你可能覺得與這個人有很深的情感連結，尤其是在一開始，但與自戀者建立的關係往往缺乏真正的親密感和意義。

起初，這個人可能很有魅力、風趣幽默，對你深感興趣，但隨著時間一久，你會感到疲憊、受控制、受操縱或困惑。然後，你越努力修復這段關係，情況就變得越糟。敏感族群雖然不是刻意選擇這種夥伴關係或友誼，但由於他們的同理心，使得他們特別容易陷入其中。敏感族群能夠敏銳地察覺他人的情緒。他們通常會有意或無意地努力讓他人感到自在，而自戀者喜歡接受這種關注和照顧。當自戀者分享自己童年時期的創傷或傷痛時，敏感族群會想要幫助他們，包括幫助他們處理埋藏心底的情感，自戀者有許多這樣的情感。在自戀者看來，這是天作之合。

保持健康的界線是任何關係中的重要環節，但當你面對的是自戀者或其他控制欲強的人時，這個界線顯得更加重要。專門幫人建立健康關係的心理治療師莎朗・馬汀（Sharon Martin）解釋，首先，你必須非常清楚你想要怎樣或試圖加強什麼界線。尤其是自戀者，他們會利用煤氣燈效應（gaslighting）、謊言或其他操縱策略讓你失去平衡，讓你困惑不已。寫下你的界線，這樣你才不會忽略需要發生的事情。然後，腦袋清晰、冷靜且持續傳達你的界線。即使自戀者心煩意亂，扔出情緒手榴彈，試圖引誘你陷入衝突，仍應堅持事實，不要自責、過度解釋或為自己辯護。

不幸的是，控制欲強的人往往不會尊重你的界線——這就是使他們成為控制型人物的根本原因之一。馬汀說，這時候就該考慮其他選擇了。這個界線可以協商嗎？有些界線相對更重要，所以考慮一下你願意接受的行為和絕對不能接受的行為。如果對方也願意做出改變，那麼適度妥協和調整立場是好事。但如果有人一再無視你最重要的界線，就必須考慮自己可以容忍這種虐待多久。馬汀指出：「我見過有人一直忍受不尊重和虐待好幾年，癡心盼望惡毒的人會有所改變，但事後回首才發現，這個人根本無意改變或尊重界線。」此時，你必須選擇接受他們的行為或退出這段關係。

強迫他人改變絕對行不通。這時就是所謂「**超脫的愛**」（loving detachment）可以幫得上忙的地方。當你超然物外時，你會有意識決定不再試圖改變對方或控制情況的結果。超脫不表示你不關心對方，而是意味著你選擇以務實的態度看待這段關係，對自己表現出同情心。馬汀表示，你可以藉由以下方式練習超脫的愛：

- 讓他們自己做選擇，並承擔自己行為的後果。
- 以不同的方式回應，比如不理會粗魯的言論、或當成玩笑話看待（不要視為針對自己的抨擊），因而改變互動的模式。
- 選擇不參與同樣的爭論，或者暫時中斷沒有結果的對話。
- 拒絕不想參與的邀請。
- 離開不舒服或危險的環境。

如果你覺得自己可能正在面對自戀者，即使有一點點跡象，都應該找幾個值得信賴的人，比如朋友、心理治療師，或者互助團體的成員，和他們聊聊。「『自戀』和『惡毒』的人擅長讓我們懷疑自己和直覺，」馬汀說，「因此，許多人會花很多時間去猜測這個人是否真的有害，抑或是自己反應過度，甚至以為是自己導致這個人表現出不當的行為。」雖然敏感族群善於察顏觀色，直覺也很靈敏，但他們可能隨著時間一久而習慣不相信自己的「直覺」，因為「堅強的迷思」認為感性是軟弱的表現。特別是，自戀者喜歡擾亂你的思緒，試圖混淆你原本可靠的直覺。這就是為什麼，建立一個可以幫助你看清事實真相的支持網絡相當重要。

在面對自戀者和其他控制欲強的人時，你總是有選擇的權利（即使他們可能會讓你以為你沒有）。有時候，保護自己唯一的辦法就是停止花時間和他們來往。你選擇減少與他們的接觸（或完全斷絕往來），並不是要懲罰他們，而是一種善待自己的表現。如果有人傷害你，無論是身體上還是情感上，你都應該讓自己和這個人保持一點距離。

幸福的結局

布萊恩不記得確切的時間，不過情況開始轉變了。他和莎拉的婚姻越來越堅固。他參加了心理治療，偶然發現一些改變生命的訊息：他發現自己是高度敏感的人。

以布萊恩的話來說，由於他屬於「極度」敏感層級，所以比莎拉需要更多的休息時間，而且他們意見不合時，他常常會把她的話當作個人攻擊。他意識到他的主要問題是追求完美，這是敏感族群常見的困擾。當莎拉似乎在暗示他做錯什麼時，她的言論會讓他受傷，因為他想成為一位完美的伴侶。現在，他和莎拉正在學習以不同的方式處理衝突，遇到問題各退一步找到折衷方案。「我不需要改變自己的本質，但我確實需要在某程度上滿足她的需求，」布萊恩說。

他的敏感性可能在婚姻中帶來了一些挑戰，不過他認為，最後也是這種敏感性挽救了這段關係。身為敏感的人，他能夠深入反思她與妻子的關係，並考慮他們之間的互動模式可以怎麼改變。在這樣的壓力下，不太敏感的人可能在找到治療方法之前就放棄，或者缺乏自我覺察以帶來真正的成長。但布萊恩思考了自己的優勢和劣勢，並學會發揮自己的優勢——比如，他有能力在情感上陪伴莎拉，讀懂她的暗示，讓她感受到他的真心。如今，在八年的婚姻之後，布萊恩表示他們的愛情比初次相遇時更加堅固。

對於那些生活周遭有敏感族群的人，他也給了一些建議：「這不是性格缺陷，也不是我們故意難搞。我想有一段時間我太太也是這麼想。但敏感是一種真實的性格特質。我希望那些不是高度敏感族群的人可以真的花時間去學習和理解，與一個敏感的人在一起可能會有挑戰，但最後也會很有收獲。」

布萊恩的建議不僅適用於我們生活周遭的成年人，也適用於我們的孩子。就像敏感的成年人一樣，敏感的孩子也有他們自己的挑戰和收獲，這是我們下一章要探討的內容。

第7章
如何教育高度敏感的孩子

「在你還小的時候……，你看待生活就像透過非常清晰的窗戶一樣。當然，這些窗戶可能很小，卻非常明亮。然後，接下來發生什麼事？你知道怎麼回事。大人們開始替你裝上百葉窗。」

——蘇斯博士（Dr. Seuss）

敏感性從寶寶出生後的最初幾個小時，甚至是幾分鐘，就開始了。醫師用燈光照著蘇菲的眼睛時，她哭了。你大聲打噴嚏時，她又哭了起來，彷彿她感到疼痛一般。之後，親戚一個個輪流接手，每個人都抱著欣賞這個完美無瑕的小生物，她看起來緊張到無法入睡。當然，新生兒都會哭，也會有難以入睡的時候，但蘇菲似乎與其他同齡孩子不一樣。醫師向你保證，她的身體沒有任何毛病，這就是她的個性。其他成年人使用不同的形容詞：「愛哭鬧」，「高需求」，甚至「難以安撫」。

隨著蘇菲的成長，她在許多方面都是一個典型的孩子，卻有些與眾不同的方面。她很有創造力且聰明，你甚至納悶她是不是個天才。小時候，她只聽過一兩次就能重複比較複雜的字彙，她的洞察力讓你感到驚訝，她的腦袋似乎能夠理解超過她年齡的概念。從她玩耍的方式，你可以感受到她擁有豐富的想像力。她的觀察力也很敏銳。有一天她注意到遠處的一架飛機，即使在晨曦空中看起來只是一個小點，老師戴上新耳環的時候，她也總是會發現。

然而，蘇菲總是容易受到過度刺激，當她應接不暇時，洞察力就會消失。在繁忙的一天過後，甚至是在參加生日派對或擠擁的室內遊樂場等趣味活動之後，她都會感覺不堪重負。在這些時候，蘇菲很容易發脾氣和崩潰。幾乎所有年幼的孩子都有這樣的情況，但蘇菲的情況更頻率且激烈。有時，一點小事情就會觸發她的情緒，比如鞋子裡的小石頭，或者在她看來形狀不對的通心粉。而有時，觸發情緒的原因幾乎與人道思維有關，例如，目睹了另一個小孩被欺負，即使這件事與她毫無關係，她也會哭著回家。長大後，她了解肉品來源後便拒吃漢堡。

蘇菲的情緒崩潰時也相對強烈。開心時，她會手舞足蹈，悲傷時，她會把頭埋在你的胸前痛哭。儘管這些強烈的感受有時讓她招架不住，但對於自己的心理狀態和他人的情緒，她的覺察度卻意外敏銳。因此，若有事瞞著她或過得不開心，年長的手足所忽略的部分，她似乎都能察覺得到。蘇菲的細膩體貼讓她很容易結交朋友，但在一大群同儕面前卻顯得膽怯，需要當眾表演時，比如演講或參加運動比賽，她就會感到緊張。不過一般來說，她很認真且善良。蘇菲善於理解老師的言外之意，容易討老師們的歡心並且獲得優異的成績。實際上，你擔心她有點過於善良和誠實，她的完美主義有時候會讓她流淚不止。

蘇菲還有其他的怪僻，你學著去接納。即使到了青少年時期，蘇菲仍會因為某些食物的口感和味道而不吃。某些氣味也令她不舒服，像是體育館更衣間散發的汗臭味，就會不想進去。每當生活突然發生變化，比方說寵物去世或朋友搬走，蘇菲都會悲痛欲絕，久久難以釋懷。連正面積極的生活變化也可能讓她焦慮不安，因為需要適應新的環境和學習新的習慣。有時，她要花幾個小時為這些事情做好心理準備和練習。

多年來，你一直努力幫助蘇菲擴展她的舒適區圈，同時也給予她抒發強烈情緒的空間。但教養敏感孩子絕非易事。有時，你覺得自己好像不知道她需要什麼或不知道怎麼幫助她。也許其他父母告訴過你，這種挫折感在擁有敏感孩子的家庭中尤為普遍。

你家的孩子敏感嗎？

蘇菲並非真實存在的孩子，但她的形象是根據許多敏感孩子的案例所描繪的。並不是每個敏感孩子都跟蘇菲一樣，就像每個成年人所展現的敏感特質都不同，每個孩子身上的敏感特質也各有差異。以下是一些敏感孩子常見的特質。不需要每個特質都勾選到才算是敏感孩子，但勾選的特質越多，孩子的敏感性就越高。

- □學習新事物快。
- □情感表達強烈。
- □善於洞察人心。
- □難以應付變化。
- □不喜歡大驚喜或打破慣例。
- □對人或事件有強烈的直覺。
- □溫和的糾正比嚴厲的管教更有效。
- □被大吼大叫或斥責時會哭泣或退縮。

- □經過有趣或刺激的一天之後難以入睡。
- □會被突如其來的聲音或觸感嚇一跳。
- □感覺不對勁時會抱怨（床單刺癢、衣服標籤不適、腰帶過緊等）。
- □因為某些食物的氣味或口感而不願吃。
- □具有機靈的幽默感。
- □會提出許多問題。
- □會發表有見解的評論，看起來比同齡人聰明。
- □想要拯救一切，從流浪狗到班上被欺負的孩子。
- □必須做到完美。
- □對成績和作業截止日期感到壓力。
- □想取悅他們生活中的成年人。
- □曾被同儕欺負（特別是敏感的男孩）。
- □因濃烈的氣味而避免去特定地方（如公共健身房或香氛專櫃）。
- □不喜歡嘈雜的地方。
- □注意到他人心情沮喪或受傷。

□在說話或行動之前會先思考——他們會「三思而後行」。
□經常擔心。
□除非提前仔細準備，否則不喜歡冒險。
□生理疼痛感強烈。
□會注意到新事物，如老師的新衣服或家具被搬動。

仍然不確定你的孩子是否敏感嗎？看看一些父母怎麼描述他們的敏感孩子。你是否看到他們的孩子和你的孩子之間有些相似之處呢？

聽聽他們怎麼說：敏感孩子最大的優勢和挑戰是什麼？

珍妮，一位七歲男孩的家長：「我兒子對自己和他人的情緒都非常敏感。他喜歡了解事物的運作方式。他熱愛動物和大自然，深刻地認知到為什麼人類應該愛護地球。我兒子不喜歡獨處（對他來說像是一種懲罰）；他經常需要有人陪伴，有時候這種需求對整個家庭造成了困擾。他很難融入群體，不喜歡冒險，也不願嘗試新事物（比如學習新的運動或騎單車），除非他已經反覆觀察過。由於這些傾向，他有時會覺得自己在朋友活動中遭到排擠。」

莎拉M.，一位九歲女孩的家長：「學校經常讓我敏感的女兒感到壓力重重，她對自己要求很高，並對周遭人的細微暗示有強烈的反應。即使別人不是針對她（像是老師跟其他同學講話的時候），她也很容易受到嚴厲的言論或語氣所刺激。在外面，她壓抑所有的情感，然後在家裡安全的地方釋放出來。日子不順的時候，她會封閉自己，質疑自己在這個世界的存在。但她擁有一顆寬大的心，充滿豐沛的愛。她對所愛的人很挑剔，但愛得很強烈。她是深刻的思想家，經常提出驚人的見解。」

莎拉B. H.，一位五歲女孩的家長：「我家敏感的孩子會注意到每一個細節，對學習有著難以置信的熱愛。她對其他生物的同情突顯了她善良的心。她擁有超齡的智慧，對他人非常體貼。然而，就像超人有自己的剋星『氪星石』（Kryptonite）一樣，我女兒也知道她的身體和靈魂需要額外的休息。學會調節自己的情緒（特別是當她承受不住的情感表現轉化為憤怒時）一直是個挑戰。儘管她有一整套讓自己冷靜的策略，但有時候過度刺激來得如此迅速和猛烈，根本無法阻止。通常過度刺激是因為不在她的計劃之內，無法做自己想做的事情，最常見的原因是時間的限制。」

墨林，兩位敏感男孩（六歲和九歲）**的家長：**「我家敏感男孩們所面臨的最大挑戰之一，就是管理他們強烈的情緒，尤其是憤怒。我和丈夫總是讓他們知道，有強烈的情緒沒關係，不需要壓抑，但在成長過程中，我們也努力教導他們如何應對這些情緒。此外，由於他們的興趣不是運動相關的，不太能融入其他男孩的圈子。我們努力製造許多一對一玩樂和相聚的機會，幫助他們與志同道合的孩子建立友誼。過去一段時間，他們已經能夠建立一些深厚的友誼，但建立這些友誼需要我們大量的鼓勵和協助。」

奧莉薇亞，一位十六歲男孩的家長：「他小時候非常善解人意。鄰居的丈夫過世時，他寫了一封長信給她，那年他才八歲。他有一次留錢給牙仙子，說要感謝牙仙子收集他的牙齒。青春期，尤其是高中階段，使他的那種脆弱性淡化，開始有點焦慮。我也注意到他採取很多逃避策略。他在這所學校還有一年的時間，我希望隨著成熟，他能夠更自在地做自己。」

維琪，一位十八歲女孩的家長：「在她還小的時候，常常因為她無法解決這個世界和其產生的問題，而感到心煩意亂和不知所措。隨著年齡增長，她更能駕馭自己的敏感性，並為自己的敏感性喝采。現在，我們笑著面對挑戰，而不是哭泣。我對她感到無比自豪。」

關於敏感孩子的常見誤解

正如我們所見，敏感的成年人不一定看起來敏感，孩子也是如此。一個常見的誤解是，所有敏感的孩子都很膽小。雖然有一些敏感的孩子確實很害羞，但這個標籤不適用於所有敏感的孩子。（老實說，我們身為作者並不喜歡害羞這個標籤，更好的說法是，敏感的孩子在行動之前會先觀察，或者需要一些時間暖身。）亞莉亞是一位敏感的十五歲少女，善於社交，活潑外向。據她媽媽說，她從小就愛上了表演，參與大型音樂劇的角色演出。最近，她必須在全班同學面前表演一齣需要演出悲傷的場景。在這方面，她的敏感性是一種優勢：她能夠隨時激發內心深藏的情感，說哭就哭，讓她的老師印象深刻。亞莉亞曾經因為自己多愁善感而感到尷尬，但現在不再這樣了。

另一個誤解是，敏感的孩子很被動、順從，甚至軟弱。雖然許多敏感的孩子可以用溫和與冷靜來描述，但也有一些展現出強烈的個性。舉例來說，瑪麗亞就是一個意志堅決、充滿企圖心的敏感孩子。在嬰兒時期，她每次都會哭上一個多小時，只能以特定的方式安撫她，比如使用奶嘴，她幾乎每次都需要安撫奶嘴。在幼童時期，她每天發脾氣都非常極端。她媽媽告訴我們：「我可以感覺到她對這個世界的敏感。」現在，瑪麗亞已經六歲，對於環境的反應仍然非常敏感，不過她也是父母口中的A型人格：極其聰明和天生的領袖。她做事有條不紊，精確無誤，會按照顏色、高度或大小等明確的方式擺放玩具。在很小的時候，她靠著電視上的字幕自學閱讀。

最後一個誤解是，男孩不能敏感——或者說，在異性戀規範的觀念中，敏感的男孩不符合「陽剛」的定義。誠如先前所述，敏感在男女之間同樣常見，而且在許多傳統的男性活動中，如運動和服兵役，敏感實際上是一種優勢。儘管如此，由於「堅強的迷思」，男孩從小就感受到隱藏自己敏感性的壓力。事實上，研究人員伊蓮．艾倫發現，當男孩步入青少年時期，他們在敏感性自我測試的得分會較低。造成這種差異的原因顯而易見，她寫道：「在這種文化中，如果你是男性，要保持高度敏感會面臨許多困難。因此，大多數敏感的男人和男孩都試圖隱藏自己的敏感特質。他們常常甚至不知道自己試圖擺脫什麼，但最不想做的事情就是回答一系列的問題，這些問題似乎會揭露他們內心深處害怕不夠陽剛的一面。」與其試圖讓敏感的男孩變得更強硬，或者把他們變成和其他孩子一樣，我們需要給予他們更多的愛、更多的關懷、更多的接納。

敏感孩子的秘密優勢

不過，所有敏感的孩子有一個共同的特質——實際上，這個特點本身就定義了敏感性。對於敏感的孩子來說，**環境確實很重要**。如同先前所述，在有害或其他負面消極的環境中，敏感族群會比其他人承受更多的痛苦：他們自述的壓力、疼痛、疾病、焦慮、憂鬱、恐慌症和其他問題的程度更高。反之，他們從支持性和其他正面積極的環境中獲得的益處也比其他人多，即**敏感的提升效果**。在適當的環境中，敏感族群相較於不太敏感族群展現出更多的創造力、同理心、覺察度和開放性；他們的身心健康，更快樂，人際關係也更穩定。他們的天賦，傾聽、愛、療癒和創造藝術與美的能力，得以展現。提升效果在敏感孩子身上特別強大，眾多研究都證實了這一點。

舉個例子，來看看在南非最貧窮地區之一的卡耶利沙（Khayelitsha）所進行的一項研究。當地大多數居民住在用木材、紙板和鐵片搭建而成的鐵皮屋裡，許多人必須步行差不多幾個街區遠的距離才能取得飲用水。那裡近一半的居民沒有工作，食物短缺對許多家庭來說是常態。在這樣的環境中，無論他們是否敏感，任何孩子都難以茁壯成長，但有個國際研究團隊想知道，孩子的個性特質如何影響他們對於某種介入措施的反應。為了找出答案，研究人員與當地的非營利組織合作，幫助孕婦為體內胎兒提供一個情緒健康的環境。在孕期最後三個月和嬰兒出生後的前六個月，非營利組織裡面經過培訓的社區保健人員會與孕婦們合作。在這段期間，保健人員前往準媽媽的家中，教導她們如何解讀嬰兒的暗示、回應嬰兒的需求——這些技能對任何新手父母來說可能相當棘手。隨著媽媽們對孩子的反應更加靈敏，保健人員希望他們能建立起所謂的**安全感型依附**（**secure attachment**）。在卡耶利沙這樣不穩定的環境中，孩子的安全感型依附或安全感特別難以實現，但同時也特別珍貴，因為這樣有助於他們在學校取得更好的成績，避免暴力行為，在經歷困難時減少創傷，並在成年後建立更健康的人際關係。透過關注安全感型依附，這家非營利組織利用有限的資源，為當地兒童提供終生的幫助。

至少，希望如此。事實上，其母親接受干預措施的孩子在十八個月大的時候，更有可能發展出安全感型依附，其中許多人（但不是全部）在十三歲的追蹤研究中仍顯示出益處。接下來就是研究人員介入的部分。在追蹤研究過程，研究人員從孩子身上收集了DNA樣本，以了解有多少孩子具有短版的血清素轉運體基因——本書第二章提過可能與敏感性有關的基因變異。一旦考慮到基因，一個明顯的模式就出現了。擁有短版血清素轉運體基因的孩子從該計畫中受益的可能性是其他孩子的二點五倍，而且更有可能發展出持久的安全感型依附。那些擁有低敏感性基因的孩子則幾乎沒有從非營利組織的支持計畫中獲益，就好像從沒發生過一樣。

其他研究得出了類似的結論：

- 敏感性研究學者麥克・普盧斯發現，左側杏仁核（大腦中與情緒處理相關的區域）較大的男孩子對其童年環境更加敏感，從中獲得的益處或受到的傷害也更多。具體而言，如果在不良的環境中長大，這些男孩子比不太敏感的男孩子更容易出現行為問題。但如果這些敏感的男孩子在良好的環境中成長，行為問題反而比其他男孩子少，且老師認為他們展現出最親社會的行為。
- 馬里蘭大學的一項研究發現，「難照顧」的新生兒（愛哭鬧且難以安撫）對於父母的照顧品質比其他新生兒更敏感。如果父母對他們的需求有所回應——比方說，注意他們的暗示，並在哭鬧時給予安撫——他們就比其他寶寶有更大的機會成為善於社交、樂於參與的幼兒。反之，如果父母沒有適當回應這些敏感的寶寶，他們在幼兒時期可能比其他人更容易變得孤僻內向。

■《蘭花與蒲公英》（*The Orchid and the Dandelion*）一書的作者、小兒科醫師湯瑪士·波依斯（W. Thomas Boyce）發現，生活在壓力環境中的敏感兒童比其他兒童更容易受傷和生病，但在低壓力環境中，他們比不太敏感的兒童更少受傷和生病。

如果你是敏感孩子的父母、祖父母或其他照顧者，這些觀察結果應該讓你看到希望：相較於不敏感的孩子，你擁有更多的力量來塑造並影響他們的發展和未來。你給予敏感孩子的愛、耐心和學習機會，能夠幫助他們走得更遠。沒錯，教養這樣的孩子有時候可能很困難，而且你的孩子可能會比其他孩子更需要你。但一個能夠取得非凡成就的孩子交託在你的手中。在他們的一生中，你比任何人都更有能力刺激敏感的提升效果，引導他們的人生邁向意想不到的高度。給予他們接納和認可，他們就不會只是「普通」的孩子。與同儕相比，他們能夠取得更好的成績，發展更好的情緒和社交技能，擁有更堅強的道德界線，並以重要的方式貢獻於這個世界。堅持你的教養方式，隨著時間一久，你將看到你的孩子善用敏感的天賦。他們會對自己的想法和情緒感到自在，避免承受過度壓力，並將他們的才華轉化為成功。以下是一些你可以幫助他們實現這一點的方法。

接納敏感的孩子，接受他們的本質

成年人常常無意間讓孩子覺得自己有什麼不對勁的地方。談到敏感性時，他們可能會認為孩子的強烈情緒波動或容易不知所措是弱點。即使是本身很敏感的照顧者，也可能不知不覺中對敏感抱持偏見，因為他們年輕時接收過關於敏感的負面訊息。（想想布魯斯・史普林斯汀的父親，當時他希望布魯斯變得堅強，結果發現他自己才是那個「軟弱」的人。）不要把孩子的敏感性看作是弱點，要有意識地將其視為一種優勢。當你以身作則去愛和接納孩子的敏感時，也會讓孩子更容易去愛和接納自己的這個部分。

想更加理解並接納孩子的敏感性，有一種方法就是對他們的世界充滿好奇。特別在一天之中的不同時間和不同情況下去觀察他們。撥出時間單獨與他們一對一交談和玩耍，不要和兄弟姐妹待在一起。提出開放式問題。例如，「你今天遇到什麼困難？」會比「你今天過得不好嗎？」創造出更多對話空間。保持開放的心態，試著理解敏感的孩子在他們的身體和五感中所經歷的事情。他們的答案可能會讓你感到驚訝。

有時，這種接納和支持意味著為孩子發聲。這種支持可以很簡單，比如與家族或其他家長分享有關敏感性的書籍或文章，或者用自己的話解釋這種特質。學校是為敏感孩子發聲的一個尤其重要的場所，建議在學年初與孩子的老師見面時，談談孩子的敏感性，以免出現任何可能的誤解。

你的孩子會注意到你替他們發聲，也許將來有一天，他們會知道這個發聲對他們有多大的幫助。不過，你不必等到那一天。今天就告訴他們，你為他們感到驕傲，說出你為他們最近所做的哪些具體事情感到自豪；也許他們運用了自己的想像力、待人接物的技巧、情感或其他敏感的天賦。這些溫柔而美好的話語對一顆敏感的心很重要。這種溫柔在其他情況下也會派上用場，比如在你需要糾正他們的行為時。

溫和的管教最好

接納孩子的敏感性並不代表你不管教他們或幫助他們成長。我們都希望自己的孩子在生活中茁壯成長，而成長過程必然包括引導他們朝健康的方向前進。管教是學習過程的一部分，但對於敏感的孩子來說，方法更為重要。由於敏感的孩子對事物的感受比其他孩子更加強烈，他們的感情更容易受傷，而且容易把管教視為針對個人的批評。

被禁足在房間、父母沮喪時大聲怒罵、老師嚴肅訓斥——這些場景都是我們大多數人小時候的記憶。我們甚至認為這些都是一般成長過程中的一部分，長大以後還會笑談這些經歷。不過，對於許多敏感的孩子來說，涉及懲罰的情況，即使懲罰看似輕微，也會讓他們覺得無力，那種覺得自己做錯的記憶可能會纏繞他們好幾年，甚至持續到成年。這樣的記憶可能伴隨著羞愧和對懲罰的恐懼，由於擔心自己不夠好而加劇。

在某些情況下，這些形式的懲罰只會加劇敏感孩子原本就較為強烈的情緒反應，使他們更難冷靜下來。莫琳・加斯帕里（Maureen Gaspari）是部落格「高敏感孩子」（The Highly Sensitive Child）的作者兼創辦人，她發現，每當她叫敏感兒子去罰站或待在他們的房間時，結果只是引起更多的尖叫——他們和她都尖叫。「他們很難自己冷靜下來，而且會越來越激動，」她說。「等到罰站結束，他們還需要額外的幫助才能平復情緒，結果被罰站的原因都掩蓋了。」

身為敏感孩子的父母或照顧者，你可能已經意識到，「正常」程度的管教對你家孩子來說可能過頭了。他們通常會盡力取悅別人，很少有意惹惱別人。相較於其他孩子，敏感孩子更容易把困境歸咎於自己。教育心理學研究員莫妮卡・巴里拉—馬特伊丘克（**Monika Baryla-Matejczuk**）在回顧教育和育兒環境的敏感性研究時發現，敏感孩子對於來自他人的批評有高度警覺性，很可能會嚴厲批評自己。他們或許會避免不被認可的情況（如成績不好）或做壞事的感覺（如違反規則）。這些都是崇高的品德，但如果伴隨著羞愧感，這種傾向就會導致其他不太理想的結果：敏感孩子在嘗試新事物時可能變得容易受挫，或者完全避免接觸新的環境。

此外，巴里拉─馬特伊丘克表示，敏感的孩子在童年時期比其他孩子更容易自卑。這種自尊低落的感覺源自於他們對批評更敏感以及自我批評的傾向──這兩個因素都會影響自尊。孩子甚至可能開始預期自己的行為會引起負面反應，變得過度追求完美和焦慮，以此避免做任何被認為是錯誤的事情。

你可能已經知道，敏感的孩子內心有堅實的道德界線。在受到懲罰或意見反饋之前，如果他們知道自己可能做錯了什麼，那麼他們很有可能已經先在內心懲罰自己了。作家亞曼達．范．穆利根（**Amanda Van Mulligen**）有一個敏感的兒子，她說得很好：「他們傾向充當自己的管教者；他們的羞恥感往往非常強烈，在精神上對自己的所作所為自責不已，不需要大人說什麼，他們就會覺得自己很糟糕。」敏感的孩子對嚴厲的語氣很敏感，只要聽到別的孩子被管教，例如老師在課堂上訓斥其他學生，他們就會感到羞愧。

敏感的孩子可能會因為嗓門提高或任何他們認為是懲罰的事情而放聲大哭、躲進自己的世界或表現出異常強烈的焦慮，這就是為什麼巴里拉─馬特伊丘克建議父母和老師避免讓孩子陷入讓他們感覺羞愧的情境。對於敏感的孩子來說，溫和的糾正方式反而效果最好；他們會得到安慰，知道自己是被愛的，敏感的天性並不是任何錯誤的罪魁禍首。他們也能以冷靜的態度接受溫和的管教，而不是加劇情緒高漲和激動。此外，溫和的管教傳達了一個訊息：錯誤是生活的一部分、是一個學習的機會，而不是要不惜一切代價避免的事情。

如何實踐溫和的管教

溫和管教就是注意說話的內容和方式。拉高嗓門很容易讓敏感的人變得不知所措。大聲說話非但不會達到預期效果，還會使孩子的身體進入威脅模式，聽不進你說的話。反而，使用正常的音量和冷靜的語氣效果最好，敏感的孩子也會記得你說的話，諸如嘲諷、戲弄或人身攻擊等尖酸刻薄的話，會深深傷害他們。除了你的語調，敏感的孩子還會注意到你的肢體語言、緊張的眼神以及其他不認可或失望的信號。雖然人在氣頭上或對孩子感到失望時可能很難做到，但請試著盡量溫和地說話，同時清楚表達自己的想法。

觸摸也是實踐溫和管教的有力工具。輕輕撫摸敏感孩子的手臂或肩膀，有助於引起他們的注意，無需提高嗓門。當然，有些敏感孩子對於身體刺激可能會更難應對，所以這一部分需要根據你家孩子的實際情況進行調整。

以下是更多關於溫和管教的建議：

- 到遠離他人的安靜地方責備敏感的孩子。否則其他孩子或大人知道他們「有麻煩」的那種尷尬感，只會讓孩子感覺更糟。如果你和孩子在別人家或外出辦事，請等到回家後再與孩子討論問題。
- 避免羞辱孩子的言論。不要說「你怎麼能這樣！」、「你太敏感了！」或「別哭了！」
- 與其叫他們去罰站，不如創造一個讓他們冷靜的地方——屬於他們自己的敏感避風港。如果他們在管理情緒方面遇到困難，就可以到這裡來。這裡可以放點絨毛動物玩偶、重量毯、玩具或任何其他給人安慰的物品。
- 管教過後，給予他們擁抱和安慰，並指出他們的優點。敏感的孩子會深入思考自己的經歷，如果缺乏這些肯定，他們可能會得出你在管教他們之後就不再愛他們的結論。
- 注意你自己的壓力程度。如果你自己疲憊不堪或過度刺激，將更難實踐溫和的管教。照顧自己的情緒，也允許自己休息一下。

提前設定期望

透過理解敏感孩子的共同特點，通常基本上可以降低對管教的需求。例如，由於敏感族群往往需要時間來思考事情，你會發現提前設定期望有助於避免日後發生的衝突爭執。可以簡單這樣說：「今天我們要去探望在養老院的喬安妮阿姨，我們需要輕聲細語和不要亂跑亂跳，因為那裡有些人不舒服。」提前告知期望，讓孩子有選擇的機會：讓他們知道如果遵守這些期望會怎樣，也知道如果他們不遵守會有什麼後果。

對於敏感的孩子來說，轉換狀態可能很難，他們往往沉浸在目前的活動中，尤其是他們喜歡的活動。當活動到了該結束的時候，比方說離開遊樂場，在走之前先給他們十分鐘、五分鐘和一分鐘的時間提醒。這種事前告知對任何孩子都有幫助，尤其是敏感的孩子，讓他們有時間整理自己的思緒並為新事物做好心理準備，這樣他們會表現得更好。

最後，觀察孩子是否出現過度刺激的跡象也有助於減少對管教的需求。孩子若出現疲憊、脾氣暴躁、心情不好、不太配合要求、哭鬧、表現得依賴或笨拙，或者使性子，都可能是受到過度刺激的跡象。給敏感的孩子充足的休息時間，即使需要拒絕其他邀請或活動。

請記住，人不可能總是完美實踐溫和的管教，這沒關係。有時你會失去冷靜或說出後悔的話。雖然敏感的孩子比其他孩子更容易受到你的言行影響，但並不表示他們需要完美的父母才能茁壯成長。加斯帕里的職業生涯都致力於為敏感孩子發聲，甚至她自己說，在教育自己敏感兒子的過程也會犯錯，她給其他家長的建議未必總是完美地實踐。「我不是完美的，」她說：「我向你保證，在管教敏感孩子的過程會遇到困難，那很正常。」當你犯錯時，把它當作一個學習的機會，讓孩子知道，即使是成年人，有時也會失誤。

其他父母或家庭成員一開始可能不太理解你的溫和管教方式。他們可能會說你過於小心翼翼或「對他們太寬容」。請記住，敏感的孩子並不壞，也沒有錯，他們只是感到不知所措而已。對於那些無法接受低調管教方式的父母來說，溫和管教可能顯得過於寬容，但請相信你才是最了解自己孩子的人。研究顯示，溫和管教是幫助敏感孩子蛻變為身心健康的敏感大人的理想方法。或許世界無法理解他們的敏感天性，但理解他們的父母師長將是孩子最大的支持者，並為他們今後的成功打下基礎。

何時該突破他們的舒適圈

溫和管教並不表示你永遠不指責孩子，也不代表他們不應該挑戰自我。實際上，如果以關愛和憐憫的態度，幫助敏感的孩子拓展他們的舒適圈，這是你能給予他們最好的禮物之一。關鍵是從教他們設定適當的界限開始。像這樣的限制可以讓敏感的孩子以感覺安全的方式主動挑戰自己，尤其是幫助他們注意到自己的極限和什麼時候需要休息。例如，你可以帶孩子參加生日派對，但他們若向你釋放出先前約好的信號，表示他們開始感到過度刺激，你們應該立即離開。

對於許多孩子來說，害怕新環境是典型反應，但對於敏感孩子來說，這種恐懼可能會被放大，因為他們往往格外謹慎和厭惡風險。教導他們管理自己的恐懼是突破舒適圈的重要部分。你也不應該讓自己的恐懼心理妨礙你。在參與活動或聚會的某個時候，你家孩子可能餓了、累了，甚至可能發脾氣，但不要因為擔心這種可能性而不敢與他們一起嘗試新事物。如果孩子夠大，請教導他們如何自行解決某些問題（像是自己準備零食），幫助他們建立抗壓性。

你也會想要從小步驟開始。舉例來說，如果想讓孩子學習打籃球，可以先一起觀看一部籃球主題的電影或一場籃球比賽。然後，設定他們可以輕鬆達成的目標，幫助他們建立對自己能力的信心。例如，不要期望孩子一天之內精通運球。應該先從小處著手，比如讓他們練習只用指尖而非掌心來運球。同時，如果注意到哪些事情行不通，請保持靈活並願意改變計劃。盡量讓新活動充滿樂趣，不要強加自己的個人目標。如果你逼得太緊，孩子最後可能會決定不想再做。最重要的是，慶祝每一次成功都是讓孩子對所學技能建立信心的一種方式。

給他們一個擁抱，讚美他們，與別人分享他們的成就，讓他們選擇晚餐菜色，或者任何能表達你為他們驕傲的方式。

這裡有一些建議，可以幫助你溫柔地突破孩子的舒適圈：

■適合的話，陪同孩子一起去新的環境，比方說籃球訓練期間，可以坐在看台上或待在停車場的車裡等候。不用一直盯著，但要待在附近。

■與孩子談談在新環境中可以預期的事情。不要預設孩子知道籃球訓練（或者婚禮、博物館、課後社團等等）是什麼樣子。你甚至可以針對重要的對話和事件進行「彩排」，例如，開學前一天在學校操場散步或與老師交談。

■以一種不帶判斷的方式和他們聊聊他們的恐懼。「是什麼原因讓看醫生變得很可怕？」不要否定他們的感受，即使在你看來他們的恐懼似乎沒有根據。

■肯定孩子的感受：「聽起來確實很可怕！」或者「每次抽血時，我也會害怕。」但不要過度安慰，因為這樣可能會在他們腦海中強化這件事有多麼危險或可怕。迅速轉換情緒，共同制定一個計劃，幫助孩子遇到這種情況時可以勇敢起來。

■請孩子提出有助於解決問題的方法，讓他們面對可怕的情況有一定的掌控權：「我們可以做點什麼讓你看醫生的時候感覺好一點？」

- 對過度刺激的活動（例如生日派對）設定時間限制，當孩子感到不堪重負或疲憊時，允許他們「結束活動」。讓離開變得容易：「如果你玩得不開心，我們可以離開。」
- 指出他們的成功。「你一開始下泳池時還很緊張，但現在看看你玩得多開心！」

以溫柔的方式突破他們的舒適圈，也能為他們強烈的情緒挪出空間，幫助敏感的孩子學會處理不適的感覺──這是情緒管理的重要部分。

成為孩子的情緒教練

情緒管理是一種技能，它能控制你的情緒狀態、情緒的思考方式以及如何採取行動或選擇不行動。雖然我們不可能永遠控制自己的感受，比如說憤怒，但我們可以控制自己的反應：大聲吼叫還是保持冷靜，從極端的角度看待問題還是從正確的角度，尤其重要的是情緒激動時，口中所說出的內容。

情緒管理是所有孩子的一項核心技能，對於敏感的孩子更加重要。也許這一點並不意外，因為我們知道，敏感族群的情緒感受更加強烈，並且會花更多時間思考它們。有項研究甚至發現，敏感族群比其他人更少進行情緒管理。研究指出，由於敏感族群通常會有強烈的情緒，他們可能認為負面情緒過不去或者會持續很長時間，而無法做任何事情讓自己感覺好一點。這些念頭通常是一個人缺乏情緒管理策略的跡象。他們似乎被情緒所掌控，情緒強烈到難以面對。不過研究發現，敏感族群若是確實採取情緒管理策略，將有助於預防焦慮和憂鬱——這是許多成年人對敏感孩子的兩種擔憂。

身為父母，這就是你的責任。示範自己如何管理情緒，無論是自己的壓力還是孩子的崩潰，你已經每天都在教孩子情緒管理技巧。你在這方面越用心，你樹立的榜樣越好。一般來說，父母積極回應並接受孩子的情緒，孩子的中樞神經系統會更平靜、更有自信、學習表現更好，對強烈情緒的反應也會更平衡。只要父母多跟孩子談論情緒，這些結果的可能性就越大。經常討論孩子的感受，有助於孩子學會辨識自己的情緒，而不是感覺這些情緒不知道從哪裡冒出來的。

根據心理學家約翰．高特曼（**John Gottman**）的研究，父母示範情緒管理會有兩種不同的風格：情緒教練或忽視。每種風格都是父母回應孩子情緒的不同方式，而且兩者都可能來自善意的父母。然而，所有孩子，尤其是敏感的孩子，都需要情緒教練來指導他們以健康的方式處理情緒。

情緒教練明白，孩子會有各種情緒很正常（對大人來說也是如此）。這種風格的父母把情緒視為學習、自我撫慰和溝通的機會。他們有一種直覺，知道什麼時候最好與孩子一起探討孩子的感受，或者留給孩子空間去獨立處理情緒。情緒輔導也可以是教導孩子不要執著於單一的情緒反應。例如，你可以建議孩子先睡一覺，看看到早上他們的心理狀態有什麼變化。

如果示範情緒管理聽起來很困難，沒關係：來，深呼吸。（或者說：調整一下你自己。）你不需要自己在情緒管理方面做到完美，也可以好好示範給孩子看。事實上，指導情緒管理一個重要的部分就是多與孩子聊天，我們許多人自己的父母可能都從未和我們這樣聊過。這裡聊天是指，在孩子不開心的時候傾聽他們的心聲，幫助他們探索這些感受、解決問題，並可能採取建設性的行動。這些方法甚至適用於我們這些感受可能從未得到肯定、或者至今仍在努力管理自己情緒的人。

忽視情緒的危險

另一種風格是那種屬於不重視情緒或疏忽情緒陣營的父母。也許他們有意無意地接受了「堅強的迷思」：他們認為情緒是處理眼前事務的干擾，或是軟弱的表現，並認為教導孩子停止哭泣或不要理會感受是在幫助孩子。當他們的孩子表達恐懼時，比如開學第一天感到緊張，他們可能會說「沒什麼大不了的」或「沒事的」。對於敏感的孩子，這種說法可能會讓他們感到羞愧，因為從小被說太情緒化或太敏感。同時，這也在孩子腦海中留下危險的印象：他們不應該尋求幫助來緩解自己的不良情緒，這樣只會讓事情變得更糟。事實上，我們需要他人來幫助我們處理重大的情緒，需要與人交談，需要有人傾聽。

不意外，缺乏情緒管理往往是源自於童年時期的情緒疏忽。與生活中有情緒教練的敏感孩子相比，那些在父母疏忽情緒的環境中長大的孩子沒有學到如何管理或回應自己的情緒。壓力和高漲的情緒如果遲遲沒有消退，承受不住的孩子可能會轉而採取破壞性的行為或思考模式——比如事情都憋在心裡，直到情緒崩潰。他們沒有學會替自己的情緒貼上標籤，也沒有接受所有的情緒都有其存在的意義，所以他們可能會因為情緒過於強烈而感到羞愧或難堪。情緒疏忽可能會產生長期的影響。成年後，這種影響可能會以不必要的內疚、自我懊惱、自信心不足或深覺自己有重大缺陷的形式存在。

值得注意的是，性別角色在這些結果中發揮了重要作用。父母傾向以不同的方式為男孩和女孩示範情緒，而不是同時接納兩性的各種情緒。女孩往往會了解到某些情緒是不被接受的，所以她們經常使用「可接受」的情緒來代替不可接受的情緒來應對。例如，她們可能會露出楚楚可憐的眼神，而不是提出堅定的要求，或者表現出悲傷而不是憤怒。男孩則往往了解到他們不應該表現出任何情緒，也因此不知道如何管理情緒。這或許有助於解釋所謂的男性憤怒：憤怒也許是最難壓抑的情緒。

男孩和女孩通常也會看到父母不同的一面。根據資料顯示，父母與女兒談論情緒的次數比兒子多，父母也會使用更多與情緒相關的字詞與女兒交談，並且特別願意與女兒分享他們的悲傷。兒子則比較容易遭受懲罰式的教養，除了父母表現出的憤怒，很少有其他情感交流。研究發現，所有孩子都會受到這種情緒疏忽的影響，但男孩尤其容易受到情緒疏忽的傷害。

你可以透過關注情緒管理技巧來支持敏感孩子的情緒發展。研究人員已經確認三種基本的管理技巧：察覺情緒、控制情緒的強度和管理情緒。這些技巧可以幫助任何人應對強烈的情緒，身為情緒教練的父母可以協助他們的孩子練習這些技巧。

察覺和辨識情緒

察覺、辨識和理解情緒強度的能力，有助於孩子們更深入了解自己的感受。這種技巧對情緒管理相當重要。例如，能夠以言語描述自己感受的幼童在遇到困難時，可以透過跟自己說話或求助他人來進行情緒自我管理。

一種幫助孩子做到這點的方法是採行情緒檢查（feelings check-ins），教他們定期認識自己正在經歷的情緒。情緒檢查可以簡單問一句：「你現在感覺如何？」鼓勵孩子使用具體、描述性的字詞；與其說「我感覺不好」，不如更具體表達是感覺疲憊、疼痛、失望、受傷或是不知所措。（網路上有許多免費的情緒詞彙表，可以幫助孩子擴展情緒詞彙量。）有了這個基礎，你就可以進入到教孩子如何控制情緒強度的階段。

控制情緒強度

沒有學會情緒管理的孩子將難以在激烈情緒爆發之前制止。如果不加以控制，這些情緒可能會表現為踢打、大聲叫囂、發脾氣、退縮或其他破壞性行為。但是，學會感知情緒強度能幫助敏感孩子保持對內在感受的敏感性，並以健康的方式管理情緒。幫助孩子做到這點的一個簡單方法，就是注意到他們的變化時告訴他們：「你看起來有點安靜」或「你今天不想和朋友一起玩」。然後請他們告訴你原因。如果你認為自己知道原因，請溫柔地說出來：「你感覺悲傷，也許是因為你朋友要搬走了」透過這種方式，可以幫助孩子在情緒失控之前察覺到它們。

你也可以採取情緒溫度計（feelings thermometer），詢問孩子的情緒在溫度計上的哪個位置——從涼爽，或者說感覺平靜，到熱區，代表強烈的情緒。這種圖像可以幫助孩子想像自己的情緒，同時提供一種描述情緒的簡單方法。（同樣，網路上有免費列印的溫度計，你也可以自己製作。）與情緒檢查一樣，溫度計讓孩子監測自己的感覺，這樣就更容易控制自己的情緒。

情緒管理

意識到情緒並降低其強度之後，最後一步就是開發管理這些情緒的工具。敏感的孩子對生活的許多方面都會產生強烈的情緒反應，因此情緒管理是非常寶貴的技能，應盡早學習。有很多策略可以教導孩子控制與緩解情緒，包括深呼吸和想像自己從不安的事情中退後一步。他們還可以想像有一把無形的傘在頭上，保護他們不會受到令人沮喪的情況或言語的侵擾。（本書第四章提供給成年人的過度刺激策略也適用於孩童。）

這些情緒工具從小就能帶來改變。在學齡前和小學階段，孩子們開始更能夠理解情緒表達和與之相關的文化定義規則。例如，孩子學會表現得比實際情況更難過，可能會博得更多的同情。然而，另一方面，他們也可能學會在不快樂的時候裝出笑臉或隱藏臉上情緒。年幼的孩子很快就知道，他們的情緒表達不一定總是與他們的感受一致。這種傾向進入青春期後會加劇，男孩更容易壓抑悲傷，女孩則更容易隱藏憤怒。到了十幾歲的時候，孩子會更注意別人對情緒的看法。身為父母，你可以透過持續輔導情緒管理技巧，幫助敏感孩子在這個階段培養健康的情緒管理和表達。

懷抱希望

環境對你家孩子的影響性，可能比不太敏感的孩子來得更大，但這也給你更多的力量來幫助他們建立美好的生活。隨著孩子長大成人，你會看到自己的努力和耐心結出果實，更重要的是，你將能夠看到敏感性的最佳體現。你今天正在努力營造的充滿愛與支持的家庭環境，將有助於他們實現未來的成功和幸福。

第8章 渴求工作意義

「在任何領域中，真正具有創意的天才其實都是一種天生非凡、敏感性超乎常人的人類。」

——賽珍珠（Pearl S. Buck）

細心觀察，你可能會發現那些敏感的同事。也許是那些早上簡短打個招呼後便匆匆逃回辦公桌的人；也許是那些在壓力重重的工作中強忍淚水，努力找回自己方向的人。如果你問他們為什麼心情不好，答案可能讓你驚訝：也許是一場電話會議讓他們情緒低落，所以無法專注於其他任務。或者是上司對他們亂七八糟的辦公桌發表了一番評論，雖然是開玩笑的，卻像刀子一樣刺痛他們；對他們來說，凌亂反映出內心被壓得喘不過氣。或者，他們可能被接二連三的電話和消息通知搞得焦頭爛額，卻因為其他人似乎都可以好好處理這些混亂而感到內疚。又或者，罪魁禍首可能是一張坐起來不舒服的椅子、反覆敲打桌子的同事，或過於明亮的日光燈。

敏感族群也知道，回家並不能解決所有問題。他們工作上經歷的情緒如影隨形，在腦海中揮之不去，需要經過處理才能釋放。無論他們是在辦公室、教室還是零售商店工作，如果敏感人士一整天都不能休息一下，問題就會變得更加嚴重。

然而，儘管敏感族群在工作中感受到所有壓力，但他們也有另一面。他們可能是那些能夠深入理解其他人難以交流、處於困境中的學生的人。他們是那些願意投入額外的時間給客戶留下深刻印象、讓日常課程計畫變得有趣，或者深入挖掘數據的人。他們「就是知道」有些事情不對勁，那些能夠在問題變大之前看到細微漏洞的人。這些人能夠有效為公司節省開銷，或者在醫療環境中拯救病人性命。與此同時，他們擅長預測旁人的需求——這些需求往往上級看不見。例如，敏感人士可能會察覺言外之意，意識到隊友已經精疲力竭或者重要客戶不滿的時候。同事通常喜歡跟敏感的同事相處，因為他們可以放心說出自己的挫折、不安感和恐懼，而不會受到批判。

若是作為經理和領導者，敏感族群能夠為工作場所帶來和諧，並創造讓其他人茁壯成長的條件。若是作為創新者、投資者和企業家，他們能夠發現市場的趨勢和有價值的機會缺口。簡單來說，敏感的員工可能是你最優秀的員工之一。雇主不必對「過於敏感」的員工心存疑慮，應該主動招攬他們。

如果說這個對敏感員工的描述看起來有些矛盾，那是因為他們在工作上經常遇到矛盾：雖然他們往往表現出色，但同時也承受很大的工作壓力和疲憊。一項調查甚至發現，儘管敏感族群感受到更多的壓力，但他們卻是所有員工中表現最佳的。這項調查是由研究職場敏感族群的組織心理學研究生巴維尼．什裡瓦斯塔瓦（Bhavini Shrivastava）所執行的，調查對象為印度孟買一家大型資訊科技公司。結合經理的評估和員工的自述，她發現，經測試為敏感族群的員工在經理的評估下比不太敏感的同事表現得更好。然而，敏感族群的員工也自述壓力很大，整體幸福感得分較低。鑒於我們前面對於敏感提升效果的了解，這樣的調查結果很合理。

調查顯示，許多優秀而敏感的資訊科技專業人士很可能因為這種壓力離職，但如果角色或工作環境得到調整，或許可以留住他們。誠如前一章關於敏感孩子的影響，環境對於敏感族群員工真的很重要。在不同的條件下，這些員工可以成為你的頂尖人才，也可能因為壓力而失去熱情。

聽聽他們怎麼說：工作上有哪些強項和壓力來源？

「有些學生告訴我，如果沒有我這個教授，他們可能無法完成這個學期的課程。他們說，很感激我能夠在他們需要的時候提供一定程度的同理心和諒解，這是從其他教授那裡得不到的。壞處是，我可能過於關心他們生活中出現的各種情況。如果他們有人說生活中遇到困難時，我會非常激動且擔心不已。」

——謝爾比（Shelby），大學教授

「我從事業務銷售工作已經十二年，事業非常成功。但這些年來，我大部分時間都忙到焦頭爛額、筋疲力竭。我的強項是建立人脈的技能。我可以迅速建立融洽的關係，因為我能想像顧客的感受。我也是非常認真的人，所以從不錯過截止日期。然而，整天不停與人溝通讓我感到疲憊不堪。電話響個不停，大量郵件湧入，人員進進出出……，總是有很多事情要處理！」

——艾瑪（Emma），人才招募和業務

「我發現，我能夠營造一個安全的空間，讓客戶敞開心扉，傾訴他們的難題。好處在於這個安全的空間可以幫助我們更快速找到問題的根源，使他們能夠做出改變，獲得持久的效果。我還發現，我的敏感性有助於我找到最適合每個人的正確方法。我最大的困擾是，診所安排給我的客戶是一個接著一個，中間沒有休息的空檔讓我充電。我發現，如果我必須以快節奏工作又沒有休息時間，很容易變成大家的情緒海綿，最終精神和情緒都變得枯竭。」

——達芙妮（Daphnie），臨床健康教練

「我覺得自己敏感性的最大強項，就是能夠深度處理和分析資料。我也非常注重細節。而最大弱點是我很容易不堪重負，尤其是遇到許多截止日期時，而且在辦公室工作無法過濾掉外在刺激（與在家安靜工作相反），使我很難集中注意力完成工作。」

——崔西（Traci），商業責任保險核保師

為敏感員工營造適當的環境

那麼公司該如何營造適當的環境，讓敏感的員工茁壯成長？該怎麼避免失去有潛力成為頂尖人才的員工呢？在職場上，有兩件事必須解決：實體環境和情緒環境。

誠如先前所述，敏感族群在寧靜的實體環境中表現最佳。具體來說，在職場上，他們需要一定程度的刺激，而這種刺激又不至於壓垮他們自在而有效工作的能力。背景噪音、同事的活動、強烈的燈光和太硬的椅子都是一些敏感族群不能輕易忽視的事物。在別人看來可能微不足道的事情，比如同事身上濃烈的香水味，可能會讓敏感族群感覺無法集中注意力。請記住，敏感族群要求改變環境並不是刻意刁難別人，只是他們的大腦迴路和周遭許多人不太一樣。

營造適當的環境可能會有挑戰，因為典型的工作場所並沒有考慮到敏感族群的神經系統，但還是有些辦法可以使其更具彈性。可以幫助任何員工減輕壓力的基本作法，對於敏感族群員工的效果更佳。當然，環境條件會隨著領域和職位的不同而有所差異，但無論在哪裡，即使在家工作，你也會碰到各種潛在的干擾因素，與在辦公室或服務中心等共同空間工作一樣多。

如果你是敏感類型工作者，以下是對你有益的作法：

■減少或消除你工作區域的視覺雜亂感（居家辦公的話，則是清理家裡周遭空間）。
■充分利用辦公室的門（如果有的話）來隔絕周圍的噪音。
■購買一副好的降噪耳機。
■使用空氣清淨機減少通風不良和空氣中的過敏原。
■將你的工作區域（如果可以的話）裝飾或佈置得美觀、使人平靜或啟發靈感。
■定時休息，伸展一下身體、喝杯水、吃點零食，或者四處走動。

如果是在家工作，你有更多的自由打造最適合你的實體環境。你可以播放白噪音或舒緩的樂器音樂，甚至在工作室安裝隔音板阻絕噪音。與室友或家人約定一段安靜的時間也會有幫助，大家都同意在這個時段保持安靜、不打擾對方等等。

敏感族群也需要同事（或者至少經理）理解他們在實體環境中的需求。如果你是敏感類型員工的雇主，規則很簡單：盡量讓他們掌握自己的工作區域。也許這表示同意他們在辦公室某個安靜的角落工作，可以在人較少的時候早點進公司或晚點離開公司，或者每週有幾天在家工作。

開放式溝通也是另一個重要的方針。敏感族群經常關心別人的感受，所以他們可能不會提出自己的需求，因為不想給別人帶來負擔或不便。但如果敏感類型員工不敢提出要求，他們可能會感覺自己困在目前的環境中。因此，請定期詢問你的所有員工，有什麼需求可以讓他們把工作做得更好，並對任何在你看來奇怪的請求保持開放態度。像這樣的定期溝通，能讓敏感類型員工更容易坦誠說出對他們造成壓力和影響工作效率的原因。

營造適合敏感類型工作者的情緒環境

人際關係往往是敏感族群在工作上面臨到的最大挑戰。物理上的干擾通常可以阻止，但你無法壓制周圍人的情緒和態度。如果工作文化有毒，那麼辦公室的情緒就會讓人精疲力盡。要應付不同的個性、不同的活力程度和不同的需求，對任何人來說都是挑戰，但對敏感族群來說，這可能對他們的心理健康產生巨大的影響。情緒環境可以讓他們即使辛苦仍感到充實，也可以因為工作消耗精力和要求過多而經常崩潰。如果再加上嘈雜、緊張的工作場所、緊迫的截止日期以及重重的壓力，敏感類型工作者很快就會疲憊不堪。

當你是敏感類型時，你更容易接收到周圍人的情緒。在工作場所，與人相處的時間通常大約八小時（或更長）。這類型的人經常感到壓力，擔心截止日期，並感受到各種情緒，有積極的、也有消極的。你承受這些情緒之後，可能會難以集中精力在自己的工作上面。如果把這些情緒帶回家，精神負擔和心理負擔可能使你的家庭關係緊張，損害你的生活品質。同樣，由於敏感族群往往認真敬業，希望取悅他人，你可能會厭倦在自己的需求和同事的期望之間不斷地拉扯。

所以，就像需要適合的實體工作環境一樣，敏感類型工作者也需要適合的情緒環境。因此，你需要設定健康的界限，並提出你的需求。雖然沒有人（尤其是敏感族群）喜歡成為辦公室裡那個引起注意的人，但直接溝通是幫助他人了解你的需求的最佳方式。以下是在工作中設立界限可能會用到的範例語句：

■「我需要一些時間考慮你的問題。稍後再給你答覆。」

■「我現在感覺壓力很大，很難專心聽你的回饋意見。我想休息一下。」

■「我希望能幫得上忙，但這個週末我沒有時間加班。」

■「聽起來是有趣的專案，但我無法投入應有的時間。」

■「我明白這個專案的重要性，但我也正在處理X、Y和Z案子。你希望我暫停哪個案子？」

■「我知道這有點尷尬，而且我想這應該不是你的本意，但當你說出／做X這件事時，我感到不舒服。」

請記住，你和那些不太敏感的同事一樣寶貴。敏感類型本身並沒有什麼需要改進的特質。敏感族群的職涯教練琳達．比恩斯（Linda Binns）表示，事實上，如果你覺得自己有問題，其他人也會這樣看待你，並且這樣對待你。所以，你要接納自己身為敏感族群所擁有的許多天賦。「當你這樣看待自己時，」比恩斯解釋道：「你會獲得自信，變得更了解並提出自己的需求，並且擅長設定界限。其他人自然而然會開始給予你更積極的回應，進一步增強你的自信心。」這種自信心反過來會幫助你爭取自己需要的環境，以發揮最好的工作能力。

追求有意義的工作

除了需要適合的工作環境，敏感族群也非常需要有意義的工作。他們想知道自己的努力能不能為他人帶來改變、為更大的利益做出貢獻，而不是只想領薪水。當然，無論敏感與否，沒有人希望自己的工作毫無意義，但敏感族群許多人強烈渴望有意義的工作，所以整個生活都圍繞在尋找有意義的工作上打轉。正如作家和敏感人士安妮·克羅斯維特（Anne Marie Crosthwaite）所言：「他們通常受到內心對意義的追求所驅使，如果覺得某件事毫無意義，他們就無法『硬著頭皮做下去』。」

擁有一份有意義的職業是幸福、敏感生活的重要組成部分。那麼，到底什麼是有意義的工作呢？答案因人而異，但一般來說，當你看到自己所做的工作與超越自我的更高目標之間有真正的聯繫時，這份工作就是有意義的。這個更高目標可能是拯救生命、對抗氣候變遷、或者只是讓某個人的日子過得更順利一點。

擁有使命感不僅令人滿足，同時也具有價值性，對個人幸福感和公司的經濟效益產生積極的影響。根據管理諮詢公司麥肯錫的研究，在工作中有強烈使命感的員工更健康、更有韌性。不意外，他們對自己的工作也更滿意。工作滿意度與生產力增加有關——據估計，有意義的工作每年可使每位員工增加九千零七十八美元的產值。公司也能留住滿意的員工更久，每年平均每萬名員工可省下約六百四十三萬美元的離職相關成本。在這方面，我們可以從敏感族群身上得到另一個啟發，他們憑本能知道有意義工作的價值。

然而，儘管有意義的工作好處多多，但許多敏感人士表示在他們的工作上找不到價值或重要性。因此，讓我們來看看，身為敏感族群，有哪些方法可以讓工作變得更有意義。

適合敏感族群的工作

在「敏感族避風港」的讀者經常問我們，哪些工作最適合敏感族群。這裡按照順序列舉了一些：

- 任何
- 你
- 想
- 做
- 的
- 工作

就是這樣。沒有什麼神奇的工作清單可以自動讓你這個敏感人士覺得工作有意義。從執行長到建築工人，敏感族群可以在任何職位上發揮潛力。

話雖如此，某些職業確實比其他職業更受到敏感族群的青睞，通常是一些能夠發揮他們的同理心、創造力以及注重細節的工作。敏感族群有許多人在護理行業中表現出色，如治療師、教師、醫師、護理師、神職人員、兒童或高齡者護理人員、按摩治療師或生活教練。艾麗莎（**Aleshia**）是敏感人士，在一家醫院的行為健康科擔任康樂治療師（**recreational therapist**）。她的敏感讓她更能回應病患的情緒需求，她告訴我們：「我經常走進病房，準備進行某種特定的治療干預，卻在最後一刻改變原本的干預措施，這完全是根據群體的感受來調整。」然而，護理工作並不適合每一位敏感人士，因為高壓和二手情緒（**secondhand emotions**）通常是護理工作的一部分。艾麗莎接著說，護理人員的職業倦怠對她來說是嚴峻的挑戰：「時刻保持高度警覺真的很累人，每天工作到晚上都提不起勁了。我是兩名青少年的單親媽媽，而且很遺憾，回家後都無法給予他們最好的照顧。」

敏感族群也擅長創意性的職業，如寫作、音樂及藝術。世界上一些成就非凡的藝術家確實都屬於敏感族群。以獲得多項艾美獎和金球獎肯定的演員妮可・基嫚（Nicole Kidman）為例，她說自己是高度敏感人士，而且「大多數演員都是高度敏感人士」——儘管他們必須「培養厚臉皮」來應對外界對他們生活和工作的批評連連。其他一些創作名人，如桃莉・

芭頓（Dolly Parton）、蘿兒（Lorde）、艾爾頓・強（Elton John）、馬友友、艾拉妮絲・莫莉塞特（Alanis Morissette），當然還有布魯斯・史普林斯汀，也都表示自己是敏感人士。創造性人才往往具有一些看似矛盾的特質，著名心理學家米哈里・契克森米哈伊（Mihaly Csikszentmihalyi）指出，他們敏感，但也樂於接受新想法和新體驗。這種雙重性格解釋了為什麼他們情感脆弱又容易受打擊，同時又可以充滿魅力並引人注目。契克森米哈伊解釋道：「創造性人才的開放性和敏感性往往會讓他們遭受痛苦和折磨，但同時也讓他們體驗到很多樂趣。」

需要注重細節的工作——無論是關注他人、周遭環境，還是表格上的數字——也很適合敏感族群。活動企劃、會計、財務、研究、科學、建築、園藝和景觀設計、貿易工作、法律以及軟體開發等領域，都找得到這種性質的工作。一位自稱是社交型、情感型和藝術型的敏感女性告訴我們，她特地選擇一個跟這些領域完全相反的職位：財務系統分析師。整日與數字為伍能讓她感到平靜，也讓她的情感面可以得到休息。

對敏感族群而言，理想的工作可能根本不是工作。《為高敏感人士創造工作》（*Making Work for the Highly Sensitive Person*）一書的作者芭莉・喬格（Barrie Jaeger）建議，敏感族群應該成為自雇者，因為她的許多敏感族群客戶表示，與傳統工作相比，自營事業更令他們滿意。自營事業可能包含設計、攝影拍照、錄影、傢俱修復、社群媒體經營、創業、諮詢顧問，或者現有工作的自由工作者版本。自雇的好處是，敏感族群能夠掌握自己的工作環境和形成，不易受到過度刺激。當然也有壞處，比如缺乏固定薪水，而且某些角色需要行銷和建立人脈，這可能會耗費精力。所以，與其他任何類型的工作一樣，自雇未必適合每一位敏感人士。

再次強調，敏感族群可以從事任何他們想要的工作，包括這裡沒有提到的職業。然而，在選擇正確的職涯道路時，確實有些工作應該避免。這些工作會對你的神經系統造成沉重的負擔，導致過度刺激和精疲力竭。而且，這些工作違背你這個敏感人士對於意義的需求。我們建議避免具有以下特性的工作：

- 衝突或對抗。
- 競爭、高風險或極端風險。
- 噪音或繁忙的實體環境。
- 長時間與人互動，很少休息。
- 重複性作業，與更大的使命缺乏明確的關聯。

- 有毒的公司文化或不健康的管理風格。
- 要求你為了賺錢放棄原則。

不幸的是，幾乎所有工作，你都可能或多或少遇到其中一些（或全部）因素。重點是要避免經常出現上述特性的工作，而不是只有一兩天或一段期間特別糟糕的工作。傾聽自己的聲音。你的情緒和直覺會告訴你，這個過度刺激是長期還是暫時性。在繁忙的工作日結束時感到疲憊和精神耗盡是一回事，尤其如果你是敏感族群的話，但在工作中長期受到過度刺激，那就是完全兩碼子的事。也要注意你身體的感覺。是否經常感到肌肉酸痛和緊張、腸胃不適、胸悶、睡不好，疼痛或疲勞？如果這些症狀沒有明確的生理因素（如疾病或感染），那麼很可能是你的身體正在試圖與你溝通。

深度工作與緩慢生產力

出於種種原因，我們無法總是選到理想的工作。也許你居住的地區工作機會有限，或者你還沒取得理想工作所需的學經歷。也許是你的工作契約尚未到期，或者考量到生活中的其他因素，現在換工作並不實際。建立有意義的職業生涯需要時間——有時候需要一輩子的時間——我們許多人暫時接受了不太理想的工作，是因為生活開銷的需要。就連我們兩人也曾為了生計從事各種工作：珍妮打掃過大樓，安德烈當過二廚。無論出於何種原因，如果你選擇繼續從事目前的工作，有些方法可以使這份工作更具意義、減少過度刺激。

敏感族群可以嘗試的一種策略是建立更多的空間，特別是心理空間。心理空間使你能夠集中精力完成任務，不受干擾或分心。每個人透過這種方式都能表現得更好，但身為敏感人士，你需要心理空間進行深度處理，以產出最佳的工作成果，並同時感到平靜和自在。心理空間在不同的工作中呈現不同的形式。對於系統分析師來說，這個心理空間可能是指在私人環境中靜靜地專注，沒有電子郵件或會議的干擾。對於汽車技師來說，則可能是指將音樂放得夠大聲，足以蓋過修理廠的其他活動聲響，專注於眼前的汽車。

可惜在現代的辦公室環境中，心理空間可能特別難以獲得。根據研究學者兼暢銷書作家卡爾．紐波特（Cal Newport）的說法，原因在於我們自己的本能。身為人類，我們都有完成事情和看到任務完成的動力；完工是整個環節中最令人滿意的部分之一。然而，對許多上班族來說，很多事永遠無法真的完成。想一想，永遠清不完的收件箱，睡覺時不斷發送通知的Slack平台，還有可怕的行事曆，上面排滿沒什麼用處的會議。勾掉這些項目的感覺真好，看看自己已經回覆完所有的事項，但沒過幾秒鐘，又得重複一遍。紐波特說，你的狩獵採集者大腦開始抓狂：「我們還沒有狩獵完呢！豐收必須到來！大家都在指望著我們！」然而，狩獵永遠不會結束，你的大腦本能根本不知道這種焦慮毫無意義。於是，它一直在腦海中不斷咆哮，你不停地查看電子郵件，確認Slack平台通知，再切到簡訊檢查，你的心理空間蕩然無存——即使是待在關著門的私人辦公室裡也一樣。

紐波特稱這種工作風格為「**過動的蜂巢思維**」（hyperactive hive mind），因為從理論上講，這是知識工作者共同合作的方式（也就是那些訊息和會議的目的，對吧？）。然而，他告訴我們：「這簡直是場災難。它讓我們疲勞、無法清楚思考，使我們感到痛苦不堪。」對於敏感族群來說，蜂巢思維的情況更糟——不光是因為過度刺激。「這對敏感族群格外不利，」紐波特說：「因為從同理心角度，你會接觸到很多很多需要你幫忙的人，而你現在卻無法回覆他們。即使你知道，按理說這些郵件並不急著回，卻還是觸動到更深的情感層次。因為你知道有人需要你。」每一封未回覆的郵件都讓你覺得自己讓某人失望了。

紐波特知道他在談論什麼；他的整個職業生涯都圍繞著深度思考展開，教導他人培養深度工作方式，盡可能消除「淺層」和壓倒性的工作。（例如，紐波特的網站沒有聯絡表單，而是列出各種選項，將不同請求引導到各個同事和無回覆信箱，這樣可以讓他更專注於重要的工作。他告訴我們，願意抽空接受訪談是因為他本身就是敏感族群——並說，這是他成為一位成功作家的原因。）

紐波特表示，過動的蜂巢思維並不是做好工作的必要條件，甚至不是行政工作、科技相關經濟的必要條件。事實上，由於這種工作方式會主動破壞生產力，過動的蜂巢思維對於雇主和你的日常心理健康同樣有害。他認為，大多數組織都不希望你花費太多時間在這些低價值的任務上面，比如不斷處理電子郵件或參加一場接一場的會議。但人們往往默認這些任務，因為許多員工的目標模糊，沒有足夠的方向

替代方案就是他所謂的「緩慢生產力」（slow productivity）：做更少的事情，但做得更好。蜂巢思維吞噬人的心理空間，而緩慢生產力則培養人的心理空間。緩慢生產力是敏感族群的理想工作模式，因為其依賴仔細周詳的規劃、深思熟慮的決策和高標準的完美主義，這些正是敏感族群所擅長的。特別是，緩慢生產力適用於紐波特所謂的深度工作，即長時間專注、不受干擾地完成高價值的任務。清理收件箱時，你在做的是淺層工作，它會把你拉回蜂巢思維。而當你抽出一個小時，將手機調成靜音，完成一份簡報時，你在做的是深度工作。

敏感族群如何進行更深度的工作

紐波特認為，你對工作方式的自主權可能比你想像的更大。某種程度的緩慢生產力是可

以「無需許可」的：你可以在不告知老闆的情況下開始實踐。他建議進行一些不會直接影響別人的改變，比如在一天中安排一個小時的深度工作時段，在此期間你不會查看訊息，或者改成每天只查看兩次電子郵件信箱。事實上，他建議甚至不要告訴同事這些變化；他們甚至不太可能注意到，你可以避免掉任何讓他們覺得你會造成不便的誤解。

同樣，紐波特表示，如果你真的要向經理提出改變工作方式的建議，把這個建議包裝成你希望得到他們的意見，並明確說明其中的權衡。好的對話腳本大概像這樣：

「我想和你討論我應該做多少深度工作和淺層工作。深度工作是指完成我們案子中我的那個部分或完成我的工作計劃。淺層工作是指回覆電子郵件、參加會議之類的事情。兩者都很重要，但對於我的工作，理想的比例是多少呢？」

這種講法跟你表達有太多電子郵件或會議要求（其中許多是老闆要求的）完全不同，其顯示出你專注於老闆重視的目標。你可能會發現，你得到的支持可能比預期的要多得多。如果老闆同意你的提議，那麼你現在就有了明確的指示，可以拒絕更多的會議，或者去一個可以閉門進行深度工作的地方。這些建議不光是理論而已：紐波特建議他的讀者與他們經理進行這樣的對話之後，他收到了許多回覆，告訴他，事情的變化有多令他們驚訝——即使在他們認為已難以動搖的企業文化中也是如此。在許多情況下，經理接受了這個想法並開始付諸實踐，為他們的團隊制定工作比例，允許他們「失聯」半天以專注於工作。有些經理甚至完全禁止內部電子郵件。紐波特表示：「這些你認為不可能發生的事情都會發生。他們其實只需要一個數字和一個理由。」對工作場所進行這些類型的改造，也能激發敏感族群作為工作塑造者的天生能力。

天生的工作塑造者

研究學者艾美．瑞斯尼斯基（Amy Wrzesniewski）想了解什麼使工作變得有意義，她決定去見一見從事最不起眼工作的人：醫院的清潔工。她預期他們會對自己工作不滿意，因為這是一份骯髒、單調、常常吃力不討好的工作。確實，她發現很多清潔工抱怨，但她也發現了例外。有些清潔工熱情洋溢地談論他們的工作。他們自稱是醫院大使，甚至是保持無菌環境使患者得以康復的治療師。他們不僅喜歡他們的工作，亦從中獲得成就感。

瑞斯尼斯基對於這類清潔工很感興趣，她進行了追蹤調查，以瞭解他們的與眾不同之處。她發現，他們從事與其他清潔工相同的工作，但會主動追加其他任務，通常是具有意義的舉動。有些人特地與病患交談，並額外花時間陪伴沒有訪客的病患（甚至有一位在病患出院很久以後仍互相通信）。為了避免刺激任何人的健康狀況，他們花時間研究清潔劑對病患的影響。有一名清潔工甚至在昏迷病房（coma ward）輪流擺放藝術品，以期這種變化可能有助於刺激病患的大腦。這些舉動都超出他們的職責範圍，實際上是額外的雜務。但這些努力也凸顯了為什麼他們的工作很重要，以及清潔工如何真正服務人民。這些工作者證明，意義不完全取決於我們在做什麼工作，而是取決於我們怎麼做。

根據這樣的理解和其他研究，瑞斯尼斯基提出了她所謂的「工作塑造」（job crafting）：將枯燥乏味的工作轉變成有意義工作的一種藝術。她說，工作塑造是一種讓你掌握主動權思考工作的方式。此後，無數的研究證明了工作塑造的有效性，無論是藍領工作到技術專業角色，甚至是壓力重重的執行長。

工作塑造之所以有效，主要是因為它和深度工作一樣無需許可（當然，主管的支持會讓你有更多的選擇，但這可能需要時間）。實際上，由於工作塑造往往能夠提高績效，因此注意到這些變化的主管通常會樂見其成。同樣，敏感族群也擅長這種實踐。當研究學者比較了工作塑造成功與個性特質時，他們發現與同理心、情商、親和力和責任感等特質的相關性，這些特質在敏感族群中很普遍。因此，許多敏感人士天生就是工作塑造者。

塑造工作的方法

工作塑造的一部分意味著改變你對所做工作的看法，並尋找它們與更高目標之間的關聯。如果你認為這一步聽起來像是一種心理伎倆——一種讓自己喜歡目前工作而非轉換工作的方式——那麼你只有答對一半。當然，你對工作的看法會大大影響你對工作的感受，但工作塑造也有實際的效果。這種認知變化——擴大你對工作和你能做什麼的視野——常常讓你能夠隨著時間改變你的角色。這種轉變表示你每天做的事情有實質的變化，並可能帶來更多的機會，如晉升和職業發展。

工作塑造的這一方面被稱為**認知塑造**（cognitive crafting），涉及兩種心理轉變。首先，你要**擴大對自己權力的看法**，表示你接受自己有能力改變自己工作的界限。（在某種意義上，這一步是允許自己去打造自己的工作。）其次，你要**擴大對自己角色的看法**。我們許多人將自己的工作視為一套具體的指定任務——這是可以理解的，因為就是徵才資訊裡的內容。然而，在這個觀點下，你從事有意義工作的能力就會受到職位描述的限制。實際上，你有能力在職責之外做出不同的結果，而你應該以這種整體視野結果來定義你的工作。

舉例來說，護理師的工作可能看似本身充滿意義，但如果只關注指派的具體任務時，如置入導管之類的技術性技能或遵循清單之類的機械性任務，這份工作就會與治病救人的更高目標脫節。而從整體視野看待同一份工作的護理師可能會說：「我是一個提供全面病患護理團隊的一員。」或者簡單地說：「我讓每位病患都得到最佳的治療效果。」如果你用這樣的整體視野來描述自己的角色，你突然就有了職位描述之外的職責。你可能會主動檢查病歷上沒有標註的問題，瞭解病患情況，協助他們解決與你所提供的護理無直接關聯的需求，或者替病患爭取權益。換句話說，你將成為每個人都期盼的護理人員。這種模式在每個職業中都會重複出現。就像二廚把自己的工作視為製作營養美食，副總裁把工作視為創造能改變生活的產品。

當然，這並不是說工作塑造沒有障礙。每一份工作都會遇到困難。（正如一位熱愛自己工作的廚師告訴我們的：「每份工作都有它的難題。」）然而，工作塑造可以幫助你克服這些障礙。以下是一些你可以打造自己工作的方法。

調整你所做的任務及其執行方式

這一步驟稱為**任務塑造**（**task crafting**），你可以主動加入一些新任務，或者，如果有些自主空間的話，可以放棄一些任務。這也可能意味著改變你執行任務的方式，或者調整你在不同職責上所投入的時間和注意力。例如，一位零售業員工如果付出額外努力佈置時尚陳列，可能會被要求負責今後所有的陳列，發揮他們的創意。或者，一位教師如果稍微調整了放學流程，可能會被要求更多方法改進整個學校的放學流程。有時你需要上級批准才能這樣做，但通常你可以先非正式地執行任務，不必等待正式的批准。

改變你的互動方式

研究顯示，在工作中建立有意義的人際關係是工作滿意度的最重要因素之一，甚至比工作環境或實際任務更重要。在一項研究中，擁有工作上的情感支持和朋友的員工表示，他們在工作中更快樂。你可能記得以前有段時間，因為與同事相處愉快，所以繼續待在一份很辛苦或薪水較低的工作中；這項研究便解釋了其中的原因。然而，談到工作塑造時，重點並不是與每個人當朋友，而是要你思考與誰共事和原因。

這個在工作關係中刻意努力的過程稱為關係塑造（relational crafting）。醫院清潔工與沒有探訪者的病患聊天，就是在進行關係塑造，因為他選擇花更多時間去陪那些可能感覺孤獨的人。同樣，你也可以努力了解你的常客、委託人或病患，然後記住他們。即使不是份內工作，仍將此視為己任，為他們爭取好的結果。與同事討論你們共同的問題，並以解決問題的方式進行。思考一下那些你不太互動但實際上應該多加互動的人，他們可能是在特定領域有專業知識，或者是從事與你的興趣或優勢相關工作的人。同樣地，多與新同事交流，看看他們是否需要幫助，讓他們知道你隨時可以提供協助。反之，確認哪些同事或客戶會消耗你的精力，在與他們的互動中設定健康的界限。

無論職位高低，都該進行工作塑造

你必須根據級別來調整自己的方式，因為公司裡不同級別的人在從事有意義工作時會遇到不同的障礙。如果你擔任的是非管理職，可能被指派完成一套具體的任務，這表示你的主要障礙是缺乏自主權。因此，你可以把重點擺在改善低效率的流程，建立穩固的人際關係，並透過工作表現建立信任，使管理層願意接受你的建議和請求。如果你的職位較高，工作塑造就會不一樣，因為你可能在支配自己時間方面擁有更大的自由。然而，你仍需達成一系列目標或結果（通常風險很高，比如按時推出產品）。因此，你的主要障礙是自己有限的時間和獲得其他領導者的支持。考慮到這一點，你可能專注於把那些已經變得例行公事的工作委派出去，以釋放出屬於自己的時間，或者嘗試在較小的範圍內實施一個創新專案，等到下一次領導會議或公司活動中展示結果。

精通罕見而有價值的技能

根據卡爾．紐波特的說法，提供更多自主權和技能掌握的工作本質上會感覺更有意義。並非所有的工作都提供這些特點，在基層入門職位中很少見。不過，紐波特表示，即使你的職位缺乏自主權，你也不必感到擔憂，這反而是制定行動計劃的機會：如果你想獲得更有意義的工作，擁有自己做主的能力，你應該開始精通同行大多數人不具備的技能。當然，這可能意味著取得哈佛法律學位，但並非唯一的途徑。例如，我們曾與一位網頁開發者交談，起初，她不挑案，任何找上門的客戶她都配合——她有技術，但與其他開發者沒有什麼區別。後來，有一個案件請她設計一個適合殘障人士使用的網站，她發現這個案子很有趣，於是投入越來越多的時間設計最適合殘障人士使用的網站。更重要的是，她發現很少有其他開發者具備這方面的專業知識。如今，她不僅可以挑選想要合作的客戶，還能得到更好的報酬，而且從事讓她感到自豪的工作，因為她在幫助人們。另一個例子是一位從普通建築工作起步的工匠，後來他對於學習修復老宅產生了興趣。這個新專業需要他精通數十種失傳的技藝，包括複雜的木工和華麗的灰泥裝飾。利用這些技能改造房屋讓他感到非常有成就感，而且更重要的是，他可以在自己想要的地方、自己想要的時間、以自己想要的方式工作。

透過在你的工作生活中做出這些改變，有助於減少職業倦怠，並營造一個讓你脫穎而出的環境。這條路徑不僅能通往物質上的成功，如認可和晉升，還能滿足你身為敏感人士的個人需求。畢竟，敏感族群幾乎可以在任何行業中發光發熱。想想那些給病人寫信、在牆上懸掛繽紛藝術品的清潔工。規劃你的環境，並隨著你的工作發展進行工作塑造，就可以享受一份對敏感心靈有意義的職業生涯，而不會讓你長期感到疲憊不堪。你可以在沒有高壓的情況下有亮眼的表現。而且，你可以茁壯成長。

第9章
敏感性革命

藝術家對社會非常有用，因為他們十分敏感。他們超級敏感……。當社會面臨巨大危險時，我們很可能會發出警報。

——柯特・馮內果（Kurt Vonnegut）

今天，我們認為經濟大蕭條（Great Depression）是一個獨特的時代。然而，在當時，它只是一個世紀以來一連串金融災難中最新的一次。其中最嚴重的一次是一八三七年經濟大恐慌（Panic of 1837），使整整一個世代的美國人營養不良，最終國民身高明顯縮水。另一個稱為「長期蕭條」（Long Depression）的時期，引發了罷工的鐵路工人和聯邦軍隊之間的激烈槍戰。有名工人告訴報紙，他已經一無所有，「與其被活活餓死，倒不如被子彈打死。」這場蕭條持續了二十多年。

因應金融危機的方法通常是勒緊褲帶，保護銀行，等待強者生存。然而，一九三三年，這個國家準備了一個不同的解決方案。一位名不見經傳的勞工運動家法蘭西絲・珀金斯（Frances Perkins）獲任為勞工部長，成為美國史上首位擔任內閣職位的女性。珀金斯是明智的人選：她的職業生涯始於在芝加哥安置機構擔任志工，與窮人和失業者並肩工作。她的事業在一九一一年三角襯衫工廠大火（Triangle Shirtwaist Company）那天迎來關鍵的轉折，當時她目睹工廠裡受困勞工為了逃離大火而跳樓身亡。可以說，沒有人比珀金斯更致力於幫助美國勞工。

不過她提出了一個條件。要她同意擔任部長，除非羅斯福總統（Franklin D. Roosevelt）承諾支持她的政策：廢除童工，實行每週四十小時工作制，設定最低工資、工傷補償、聯邦失業救濟金、社會保障等。她的作法，也就是現在我們所謂的社會安全網，與「勒緊褲帶」的理念背道而馳。

羅斯福總統同意了她的條件，在他的總統任期內，她提供了一系列政策，讓美國政府在歷史上最拮据的時刻伸出援手。她的政策將資源運送給最需要的人：勞工、藝術家、年輕人、家庭，甚至那些再也不能對經濟有所貢獻的人，如殘疾人士和老年人。總統堅守諾言，支持這些政策。突然之間，人們發現自己有了最低工資保障、工作週最長時數限制，以及用於學校、道路和郵局的資金。羅斯福唯一的改變是給這些政策取了個更吸引人的名字：法蘭西絲．珀金斯制定的「新政」（New Deal）。

珀金斯是敏感人士嗎？很難確定，因為她在一九六五年就去世了，當時還沒有人意識到這種特質。然而，她對他人的關懷確實體現出所有敏感族群最偉大的天賦之一：同理心。她的孫子湯姆林．珀金斯．科格斯霍爾（Tomlin Perkins Coggeshall），也是法蘭西絲．珀金斯中心（Frances Perkins Center）的創辦人，他告訴我們，她想要幫助每一個人，因此致力於改善最多人福祉的立法工作。我們也從她對政府的觀點中看出這種幫助他人的渴望。到了晚年，她反思新政的影響時，說出了她最著名的話：「人民對政府來說是最重要的，（而且）一個政府應該致力於讓管轄範圍內的所有人過上最美好的生活。」

我們現在知道，新政不僅有助於結束經濟大蕭條，還塑造了國家的精神長達一個世代以上。新政絕非空中樓閣，它讓八百萬人重返工作崗位，為陷入嚴重困境的經濟注入刺激資金，並在銀行再次倒閉時保護人民的儲蓄。它還打破了繁榮和蕭條的循環。近一個世紀以來，美國避免了再次發生類似大蕭條的危機。簡而言之，敏感的政策是明智的政策。

敏感族群應該有自信發揮領導力

回到我們在第一章首次討論過的「敏感之道」。「敏感之道」是擁抱我們的敏感性，而不是隱藏它。就像珀金斯那樣，捍衛我們的天賦，別因為賦予我們這些天賦的特質感到羞愧。除此之外，「敏感之道」要求我們放慢腳步並反思，以同理心和憐憫來引領，勇敢地表達人類的所有情感。這樣一來，「敏感之道」就成為「堅強迷思」的解藥，正是我們眼下這個分裂、匆忙且刺激過多的世界所迫切需要的。

然而，儘管敏感族群可以向世界傳授很多經驗，許多人卻說他們不覺得自己是教師或領袖。事實上，許多敏感人士在與他人的互動過程中，不自覺將自己置於較低的地位。地位不一定由你擁有多少錢或職稱來決定（儘管這些事情確實有點作用），而是指你在世界上表現自己的方式，包括你站姿、說話和出現的方式。在這裡，地位意味著影響力、權威或權力。

低地位相對於高地位的概念，起源於即興喜劇，真是神奇。劇作家基斯．強史東（Keith Johnstone）發現，演員在一場戲裡頭可以透過彼此間相對的地位來傳遞未說明的訊息。他教會演員用舞台的肢體動作來傳達地位後，沉悶的場景頓時生動起來。例如，他指示高地位角色以開放的肢體姿態站立，直線行走，其他演員觸碰或接近他們時不要畏縮。低地位角色則被指示要反向操作。當兩個地位迥異的角色互動時，比如皇后和她的管家，就會產生一些有趣的場景。當角色的行為和他們原本的地位不同時，比如皇后開始替管家做家務，喜劇就誕生了。

在現實生活中，低地位和高地位的區別並非總是那麼容易辨認。在一群朋友中，地位高的人可能是第一個從餐桌上站起來並決定大家接下來要做什麼的人。地位低的人可能是那個尋求建議和傾聽的人。我們都會根據情況改變自己的地位，心理學家認為最健康的關係會有頻繁轉變地位的機會。如果一個人的地位總是很低，那這種關係就不健康，也不會令人滿意。

然而，低地位並不一定是要避免的事情。如同高地位會帶來某些優勢（比如權威和尊重），低地位也有優勢。地位較低的人看起來更值得信任、親近和討人喜歡；商業教練經常建議擁有權力的人，比如公司的執行長，培養低地位的特質。總是選擇高地位的人可能看起來傲慢、威脅和專橫，而且他們可能會感到孤獨，因為別人發現與他們的關係不太愉快。我們習慣扮演其中一個角色，而這個角色就成為我們的預設值。暢銷書作家蘇珊·坎恩（Susan Cain）指出，女性和內向者習慣以低地位相關的方式進行溝通。敏感族群也是如此，通常對於支配他人或對他人擁有權力的事情漠不關心。

地位高或低都沒有錯。然而，敏感族群有些人可能會覺得自己受困於低地位之中，其實他們並不想這樣。他們可能接收到關於敏感性是缺陷的訊息後，感到自卑。敏感族群應該感到有力量去追求他們想要的地位。實際上，提升我們的地位正是敏感之道要求我們做的事情。它要求我們站出來發聲。它要求我們運用自己的天賦，不僅使自己受益，也要使他人受益。這種擴大地位的呼籲並不表示敏感族群必須改變他們的身分，並試圖支配或征服周圍的人，而是指敏感族群應該感到有自信以他們的方式發揮領導力。

敏感領導的優勢

為了瞭解領導者的個性如何產生影響，丹尼爾．高曼和其他研究人員來到波士頓的一家醫院，有兩名醫師正在角逐成為管理這家醫院的公司執行長。研究人員分別稱他們為巴克醫師和漢波德醫師，雖然這不是他們的真實名字。研究人員解釋：「他們兩人是該科的主任醫師，醫術精湛，並在權威醫學期刊上發表了許多受到廣泛引用的研究文章。但是，兩人的個性卻截然不同。」一旁人表示，巴克醫師不講人情、以任務為重、毫不妥協的完美主義者。他好戰的風格使員工不得不提心吊膽。相反，漢波德同樣要求底下員工，但他更平易近人、友善，甚至有點逗趣。研究人員指出，在漢波德的單位裡，人員似乎比較自在，他們友善地微笑並相互調侃。最重要的是，他們感到可以暢所欲言。因此，表現出色的員工往往受到漢波德團隊的吸引，而離開了巴克的單位。後來醫院董事會選擇了漢波德擔任新的執行長。漢波德醫師展現了敏感領導者的一些優勢，例如高情感風格，為與他共事的人創造了一個溫暖的環境。

我們大多數人可能都希望為像漢波德這樣的人工作，而不是為巴克工作。正如高曼與他的共同執筆者、行為科學家理查．博雅吉斯（Richard E. Boyatzis）所指出：「有效領導……，與其說是掌握局勢（或是掌握社交技巧），不如說是對那些需要合作和支持的對象產生真正的興趣，並培養他們的積極情感。」在這方面，敏感類型領導者會大放異彩，無論他們領導的是一家公司、一場社會運動，還是他們自己的家人朋友。如果你是敏感人士，你可能在領導方面沒有給自己足夠的信心。你可能會成為一位比自己想像更出色的領導者。

許多造就偉大領導者的特質，比如同理心，都是敏感族群與生俱來的。正如我們在第三章所看到的，敏感族群是同理心的頂級運動員，使他們能夠更深入理解周圍的人。「走入」（step into）他人經歷的能力對領導者大有裨益。根據一項研究，有同理心的領導者能夠激勵職場中更高程度的創新、參與和合作。領導者在決策過程中納入同理心時，員工更有可能效仿，同理心會帶來更多的同理心，也更有可能留在組織裡。同樣，具有同理心的領導者透過理解和支持不同人的經歷，有助於創造和維護更具包容性的工作場所。

除了更具同理心之外，敏感類型領導者能夠迅速洞察氛圍，注意他人微妙的變化。這些能力在許多場合都具有優勢，因為理解他人情緒是發掘他們潛力的關鍵。情緒直覺敏銳的老闆可能會迅速察覺到員工的感受和困擾，然後決定最佳的行動方案來協助這個人。情緒直覺敏銳的父母、老師或治療師也會這樣。簡言之，因為敏感族群會花時間去理解他人的經歷並建立穩固的關係，敏感的領導風格會對追隨者的幸福感和忠誠度產生強大的影響。

美籍韓裔記者洪又妮（Euny Hong）用一個詞彙形容這種能力的：「看眼色（*Nunchi*）」。她說，在韓國，「看眼色」的意思是察覺他人感受或想法的藝術，被視為幸福和成功的秘訣。洪又妮解釋：「韓國孩子三歲就知道這個詞彙，且通常是在負面的情況下學到的；如果每個人都站在自動手扶梯的右側，而有個孩子悠哉地靠在左側，父母會說：『你怎麼都不會看眼色？』一方面是為了不失禮，但另一方面是指『為什麼沒有察覺周圍狀況？』」在實踐中，「看眼色」意味著觀察環境氛圍，注意到誰在說話、誰在傾聽、誰皺著眉頭、誰沒留心等狀況。韓國人說，天生會看眼色或「敏銳」的人能夠建立更多人脈、顯得更有能力、更善於談判、生活更成功。

敏感族群也會散發溫暖，使追隨者更加信任他們。哈佛商學院的艾美・柯蒂（Amy Cuddy）和她的團隊研究了不同類型領導者的工作效率，他們發現那些散發溫暖的人（如漢波德醫生）比看起來不易接近的人更有工作效率。其中一個原因是信任。敏感類型領導者往往讓追隨者更容易接近並向他們傾訴，從而建立起更真實的關係。這類領導者對各種觀點和經歷持開放態度，並積極營造一個開放的環境，鼓勵團隊成員分享他們個人的價值觀與信仰，有助於建立誠實且真實的文化。敏感類型領導者不會把團隊成員視為同質的，而是傾向於將他們視為個體，理解他們的需求，並為他們的最大利益著想。

最後，敏感的領導者通常善於反思。他們更傾向於分析每一個細節，以確定什麼有效、什麼無效，並根據需要進行調整和發展。此外，他們還具備敏銳的直覺，能察覺到某些事情感覺不對勁。創造力和創新性使他們能夠從多個角度看待問題，並提供新的見解。相較於一些領導者只會強調自己的成功，許多敏感人士則努力從失敗中學習，避免今後再犯。因為他們很在意批評，所以會更具建設性地向他人提出批評，讓自己和團隊達到更高的自我提升標準。

聽聽他們怎麼說：身為敏感型領導者，你的優勢是什麼？

「我目前正在領導一個備受矚目的科技專案。我發現我的敏感性在幾個方面都很有幫助。我對細節有很好的觀察力，也知道專案的各個部分如何相互配合，這種技能有助於我保持專案的運作進度。因為我能夠理解（或至少努力理解）其他人的觀點，所以與許多角色的同事相處融洽。需要與其他組別的人合作時，這種能力就派上用場了，因為他們的觀點和優先事項可能與我不同。」

——布魯斯（Bruce）

「我可以從經理們說話的語氣中感受到他們的需求，我能夠彌補他們的不足。更重要的是，衝突讓我感到非常不舒服，所以我取得解決衝突的碩士學位，然後成為了一名認證的調解員。從那以後，我一直利用這些技能教導我的團隊和孩子們，如何更好地溝通、傾聽和共同努力。」

——溫蒂（Wendy）

「敏感意味著我通常能夠比管理高層更早、更準確地看到團隊動態和員工需求。這種先見之明讓我更好應對這些問題。」

——法蘭基（Frankie）

「我常常發現自己是朋友中的領導者。其中一部分原因當然是我的敏感特質；我處理事情深入而迅速，這表示我能夠統整大量的訊息，無論是玩什麼遊戲的意見，還是解決問題的方法。然後將原本無目標的討論轉變為實際的問題解決。」

——茱莉（Julie）

讓直覺引領方向

請記住，領導並不一定是要成為企業的執行長（雖然我們訪問過幾位執行長，他們發現自己的敏感性對這個職位來說是一種資產）。領導的方式有很多種，無論你是帶領銷售團隊，還是聯繫朋友或家人來策畫下一次的社交活動。展現領導力很簡單，只要注意到別人忽視的問題，然後提出來。例如，在家庭慶生派對上，敏感型的領導力可能只是簡單說出：「孩子們都累了，我們現在就來開禮物吧，免得他們太累而失去興致。」或者在工作中：「這份表單可能會讓潛在客戶感到困惑，他們可能會用到心煩就放棄，所以我建議採用更簡單的表格。」敏感族群經常會注意到這類情事，但由於他們習慣不信任自己的直覺，所以即使說出來對團隊有利，他們也可能什麼都不說。

因此，要成為堅強而敏感的領導者，首先要傾聽你的直覺。從尊重你內心和腦海的聲音開始，過去這個聲音可能被你消音、淡化或不予理會。這個聲音會注意到差距、警示訊號、煩惱或問題，或者看起來不太對勁的事情。這個聲音會預測接下來可能發生的事情或某種情況的可能發展，而且通常很準。身為敏感人士，**你擁有秘密知識。你知道其他人不知道的事情。**你可能會發現，不太敏感的人甚至沒發現到這些問題，而他們沒發現不一定是這些問題不重要或微不足道。當你注意到某些事情時，請勇敢、善意地說出自己的想法。就像我們在第一章提到那位敏感護理師安妮，她的舉動挽救了一條生命。

你也可以以身作則，伸張正義，打抱不平。例如，在美國中西部一個小鎮上，有一名校車司機騷擾其車上的索馬利亞學生。其他老師和社區居民對於這些年輕學生關於種族歧視的投訴置之不理。只有一位敏感的老師相信他們，大聲疾呼，要求校車公司制止這種行為。即使同事們警告她，這麼做可能葬送自己的教學生涯，面臨學校管理部門的強烈反對，這位老師還是照做。「我無法坐視不管，」這位希望匿名的老師告訴我們：「孩子們受到虐待和歧視，這嚴重影響了他們的生活和教育。」即使她從未想過自己是領袖，但當她聽從直覺，代表她的學生發聲時，她成為了一位領袖。

敏感族群是我們這個世界需要的領袖。但在他們履行這個使命之前，他們必須學會接納自己的敏感性，結束羞愧的循環。

擺脫羞愧循環

我們和別人談論敏感意味著什麼時，一再聽到：「那就是我！」許多敏感人士都有自己的故事，通常與他們的童年有關：在院子裡發現一隻死掉的鳥後潸然淚下，或者大人們一再告訴他們要擺脫波動的情緒，「過了就好」。他們在會議上，在派對中，甚至在公共廁所裡跟我們講述這些故事時，會壓低聲音，喃喃耳語，彷彿他們的經歷是骯髒的秘密。許多人對自己的敏感性或缺陷感表示羞愧。

這些羞愧的表現並不奇怪——正如我們所見，「堅強的迷思」告訴我們，敏感族群的天性應該改變。因此，我們可能會對自己與世界互動的方式產生疑問。從需要額外的時間寫電子郵件，到工作時吃點零食以保持血糖穩定，我們常常習慣小心翼翼走過這個世界。雖然謹慎並沒有錯，但問題在於我們可能會感覺自己必須小心翼翼向世界隱藏我們的真實本性。

解藥是改變我們在社會背景下看待自己的方式。改變的方法之一就是停止為不需要道歉的事情道歉。敏感族群不應該為需要停工時間或休息、拒絕、提早離開過度刺激的活動、哭泣或對事情感受很深，或其他與敏感本質有關的需求而道歉。雖然停止說對不起的決定可能是一條漫長的道路，但從這裡開始，從你和我們其他人開始。我們所有人都可以開始轉變集體心態，將敏感視為正常的。敏感性不應該是令人尷尬的秘密、也不是一連串支支吾吾的解釋，而是一種正常、健康的特質，我們所有人在某種程度上都有的特質。敏感不僅是正常的，而且還可以成為我們的驕傲，成為我們可以熱愛並享受的特質。

就像有些人天生擅長運動、健談或身材高大一樣，我們有些人天生比較敏感。沒有什麼需要調整的地方——這就是我們的本性。在這種心態下，沒有理由找藉口或因為你無法做到別人做得到的事情而責備自己。（而如果你這樣對待自己的敏感性，別人更有可能將敏感性視為缺陷。）相反，你可以選擇將敏感性視為自己的最大優勢（確實如此），這種態度會幫助他人追隨你的腳步。記住：敏感性是基因遺傳的，是健康的，甚至與才華相關。

現在，自然的問題變成了，你如何改變看待自己敏感的方式？怎樣才能不再認為敏感是壞事，轉換視角，將其視為一種優勢呢？

瞭解（甚至記住）你的優勢帶來的好處

傳統上，我們的職場、學校和其他場合都比較青睞沒有表現出敏感特質的人，但這只是因為社會忽略了敏感族群大放異彩的領域——比如需要深度、同理心、理解力、直覺以及與他人協調的場合。我們的社會在這方面都無法滿足每個人的需求。感受始終很重要，更重要的是能夠承認這些感受，表達感受，並知道這些感受是受到認可且有人傾聽的。這些稱為「軟實力」的技能在社會中相對稀缺，而這正是敏感族群可以迅速填補的缺口；我們的天性是感受他人的情緒，並利用我們的同理心與他們建立連結。同樣，深入挖掘並提供新的、出乎意料的解決方案也是我們的天性。

確保你知道自己的優勢。花點時間寫一份清單，列出對於你或他人都有幫助的敏感性相關特質。然後，與他人互動或談論敏感性時，請牢記這份清單。如果你需要靈感，以下是一些為世界帶來真正益處的敏感特質。（記住：這些陳述並非自吹自擂，而是積極的自我對話。）

■「我協助身邊的人感受到被聽見和理解。」

■「我能捕捉到其他人可能忽略的重要細節，不論是在工作、人際關係還是生活的其他方面。」

■「我能很快察覺到自己的活力下降或體力不支。這種意識有助於我避免了其他人可能達到的疲憊極限。」

■「我的心思不會停留在膚淺的答案上，既關注整體概念，也注重細節，而且會不斷探索，直到取得突破。這種深度思考幫助我提出其他人看不到的解決方案。」

■「由於我對事物的感受非常強烈，我所做的任何事情或創作都帶有這種強烈的感覺，其滲透到我的價值觀、熱情項目、工作、藝術、人際關係等各個方面。」

■「我容易流淚（或以其他方式表現出強烈的情感），因為我很容易對生活有所感觸，並不是每個人都以這種方式感受到生活的美好。」

■「我能夠發現表面上看似毫不相干的訊息之間的關連性。當我追蹤這些關連時，我可以輕易看出別人沒有想到的事情。這個能力使我充滿創造力，經過實踐後，也讓我變得更具智慧。」

■「我習慣提前未雨綢繆，比其他人考慮得更周全。這種傾向幫助我避免犯錯，在問題變大之前注意到小毛病，並在生活中做好更充分的準備。」

■「我的直覺指引我前進的方向。我通常能夠看到解決問題或實現目標的獨特方式。其他人可以從我的洞察力、建議和領導力中受惠，因為我帶來了不太敏感的人無法獲得的視角。」

■「我的同理心有助於我考慮他人的需求和觀點，還幫助我做出更有道德、倫理、同情心和無私的決定。我很容易分辨出對與錯、健康與不健康、真實與虛假。」

創了「高敏感族」一詞的研究學者伊蓮・艾倫這樣說：「你生來就是顧問和思想家，是你所在社會的精神和道德領袖。你完全有理由感到自豪。」

練習擁抱你的敏感

在日常生活中，特別留意自己敏感的優勢。即使你發現自己對一些與敏感性相關的事情感到沮喪，例如，處理完雜務後感到疲憊不堪，也要記得暫停並重新調整思維。刺激你的大腦注意到情況的積極面。你可以想，「我感謝我有自我覺察的能力，能夠知道什麼時候感到疲倦需要回家」，或者「由於我的敏感性，我注意到周遭的美麗，比如日落時天空中的各種顏色。」

這種改變可能不會在一夜之間發生。事實上，擁抱你的敏感可能需要幾個月，甚至幾年的時間。不過沒關係，漫長的過渡期很正常！你多年來一直在練習如何應對一個在很多方面都不理解敏感性的社會。給自己一點時間，從一些小的步驟開始，讓你能夠自在地展現自己的敏感性。這樣一來，你將為所有敏感族群的現在和未來鋪平道路，讓他們擁抱自己，改變我們的世界。

如何談論敏感讓人願意傾聽

除了認可自己身為敏感人士的優點之外，你還需要改變與他人談論自己敏感性的方式。從某種意義來說，你可以當成是為敏感做公關，不過也涉及一些更深層次的事情。你要真實和誠實地表達自己。你要擁有自己的敏感性。而且你要以自信、清晰且不容爭辯的方式做到這一點。以下是一些講法，你可以用來向身邊的人解釋敏感性：

■「在心理學中，敏感意味著你對自己的經歷和環境都有非常深入的理解。這就是我。

敏感性帶來了很多禮物，但也有一些挑戰。我兩者兼備，並為此感到驕傲。」

■「我不打算改變自己的敏感性。這是一種好事，我絕不會放棄。」

■「你知道，我是非常敏感的人，我相信這是我最好的特質之一。這就是為什麼我（有創造力／是個理想主義者／工作表現優秀／善於與人溝通）。我希望更多人能擁抱敏感性。」

■「將近三分之一的人天生就比較敏感，無論是情感上還是生理上。這是因為我們的大腦具有非常深入處理訊息的能力。基本上，我們思考問題的時間會更長，對事物的感受會更強烈，並且我們能夠找到其他人忽略的關連。雖然經常被誤解，但敏感是一種健康的特質。」

你可能會發現，向不太敏感的人解釋敏感性特別困難，這些人與你不同，對生活沒有同樣程度的深入和敏感。通常，對於敏感性是什麼（和不是什麼）的誤解會成為障礙。敏感的心理健康作家布列塔尼．布朗特（Brittany Blount）希望不太敏感的父親能理解她的經歷，她在「敏感族避風港」網站上寫道：「像我們大多數人一樣，我父親從小就認為敏感是軟弱的表現，是應該避免的特質。解釋高度敏感的最大挑戰之一，是第一次說服他人相信，敏感性可能是一種優勢，與我們從小的認知恰恰相反。」在多次嘗試向他解釋敏感性失敗後，她將敏感性比作他最喜歡的超級英雄：

你知道超人在很遠的地方都能聽到最小的針掉下來的聲響嗎？這就像是擁有超級英雄的感官能力，只是沒有超快的速度或飛行的能力……。當你高度敏感時，你所經歷的一切都放大。你會注意到最細微的變化。像時鐘滴答聲這樣細微的聲音會變得很大聲。某人身上噴的古龍水或香水味，你可能聞起來會比別人濃烈三倍，而且感到噁心，但別人卻覺得很好聞。我和別人交談時，有時候我知道一些他們沒告訴我的事情。我不會讀心術，但如果有人對我撒謊，或者假裝快樂但其實不然，我都會知道。我可以看穿別人的面具。我知道他們的意圖、內心和恐懼。不知道為什麼，我就是知道。

起初，她爸爸一言不發，但布列塔尼注意到他的身體姿勢有了些微的變化。他在思考她說的話。過了一會兒，他抬起頭看她，慢慢地點了點頭。「我相信，」他說，終於肯定了她一直等待父親理解的那個重要部分。

說「你太敏感」其實是煤氣燈效應

擁抱敏感的另一個重要步驟是認清，「你太敏感」這種指責其實是心理學上的煤氣燈效應。對方試圖透過這種心理操縱，讓你懷疑自己和現實，從而讓你依賴他們自己對事件的解釋。「煤氣燈效應」這個詞來自於一九八三年的英國劇作《煤氣燈》（Gas Light），劇中一位不誠實的丈夫使他妻子相信某些事情是她自己想像出來的，像是閣樓的聲響和家裡的煤氣燈變暗，逼得她陷入精神健康危機。實際上，他做這些事情都是為了竊取妻子家的珠寶。以下是一些常用來對敏感族群行使煤氣燈操縱法的語句：

「你反應過度了。」

「你需要堅強起來。」

「臉皮厚一點。」

「為什麼你就不能釋懷呢？」

「你把所有事情都看得太重。」

如果這些話是父母親或其他成年照顧者在童年時期對你說過的話，可能會造成特別大的傷害。你可能甚至開始相信，敏感程度存在「對」和「錯」之分。因此，你可能多年來一直感到羞愧，不明白為什麼自己如此敏感或容易受傷。然而，如果這些批評話語來自朋友、另一半或同事，也同樣具有傷害性。《你生活中的自戀者》（*The Narcissist in Your Life*）一書作者茱莉．霍爾（Julie L. Hall）解釋，在你受傷時說你是反應過度，這是自戀者和其他虐待者最常見的一種煤氣燈操縱說法。他們這樣說是為了詆毀你、否定你的感受，這樣就不必對他們所說或所做的傷人之事負責。「你反應過度了」讓自戀者把你塑造成不理智或過度情緒化的人。如果他們能讓你開始懷疑自己——「也許他們是對的；也許這句話沒什麼，是我太敏感了」——你就會接受他們的虐待。但是，自戀者才是那個極度敏感和情緒失調的人。當他們告訴你，你太敏感，其實是典型的投射，他們把自己的感受投射在你身上。

說出這些話的人，不一定都是自戀狂。有些人甚至誤以為他們是在幫助你，指出一些你不了解自己的地方。不論對方出於什麼目的，這些話都是傷人的，萬萬不可拿來對待任何敏感的人（或任何人）。如果有人說你太敏感，你可以採取一些應對方法：

- **不上勾**。霍爾表示，別人說出這些話時，你會很想替自己辯解或回敬對方，尤其是當你長期被對方當作攻擊目標時。然而，這些策略通常只會使衝突升級，而不是冷靜下來，所以你最好能夠克制自己的情緒。將他們的話反映回去，為對話注入一些空間：「我明白了。所以，你的意思是，你覺得我太敏感了。對嗎？」

- **專注於敏感的優勢**。說一些類似：「我正在學習喜歡自己的敏感。事實上，我認為這是我最大的優勢之一。」或者，「我喜歡我這麼敏感。我覺得我的敏感程度剛剛好。」分享一些故事或例子，說明你的敏感如何在生活上或與他人的關係中帶來好處。
- **考慮限制接觸或不接觸**。如果他們不明白你的意思，繼續評斷或貶低你的敏感，那麼他們可能不是你生活中想要的人。隨著時間一久，煤氣燈效應將侵蝕你的自我認知，讓你對自己產生疑問，並為自己的敏感性感到不安。反之，健康的關係通常會讓你對自己感覺良好。所以，可能的話，減少與這個人的相處時間（或者完全避免）；不可能的話（也許你們一起工作或是共同撫養孩子），那就在與他們的互動上設定界限。
- **專注在自己身上**。記住，煤氣燈操縱者希望你懷疑自己的感受和經歷，以便他們可以繼續控制和虐待你。他們通常會鎖定那些已經習慣不信任自己的人，可能是因為界限受損、自卑，還是因為對自己的身體或情緒感到疏離。敏感族群擁有強烈的直覺，但誠如先前所說，他們通常習慣懷疑直覺，因為「堅強的迷思」認為情緒是軟弱的表現。檢視一下你的界線，看看是否有需要加強的地方。傾聽並肯定自己的感受和直覺。記住，所有的感受都是正當的；如果你不開心，你就有理由這麼做。如果你曾是自戀狂虐待的受害者，請尋求治療師的支持，了解這種虐待可能帶來的創傷。

■**培養健康的關係**。真正在乎你的人，才不會忽視或忽略你的情感，即使這些情緒讓他們感到不舒服。對的人不僅會容忍你的敏感，還會擁抱並珍惜它作為你的重要一部分。

敏感革命惠及眾生

當我們擁抱自己的敏感——選擇「敏感之道」而非「堅強迷思」——也就在社會的各個層面播下了革命的種子。在我們的學校裡，遵循「敏感之道」意味著提供安靜的空間，讓學生可以紓解壓力，而不是每分每秒接受疲勞轟炸；這意味著要訓練校長和導師使用溫和的管教技巧，並讓家長在學校裡為他們的敏感孩子發聲；這意味著教導孩子們敏感沒有錯，花更多的時間來完成某件事也是可以的。孩子們會學到，所有的情緒都是正常且健康的，它是人性的一部分，而不是灌輸「男孩子不要哭」的觀念；這也意味著在每所學校開設一門關於社會與情緒發展的課程，讓學生有了堅強、心理健康的行為榜樣，並能掌控自己的幸福。這些變化不僅會惠及最敏感的人，也會讓每個孩子的未來更加光明。

在職場上，「敏感之道」提拔那些被低估的人。首先，在徵聘和晉升時，重視情商之類的「軟技能」。同樣，現在也是時候訓練管理者重視員工的情緒需求並以同理心領導員工。「敏感之道」表示少談堅強起來、為忙碌而忙碌、追求卓越或比身邊的人更「正確」。對於真正想要繁榮的企業來說，這表示應該打造既有助於員工身心健康又能提高生產力的環境，以取得長遠的成功。當然，如果這些建議聽起來要求很多，企業可以走捷徑：讓敏感族群擔任領導職務，然後等著看問題自行解決。

這種方法同樣適用於我們的個人生活。「敏感之道」把焦點放回人與人之間有意義、健康的互動。它認為喧鬧的派對、音樂會和聚會活動並不是社交的唯一方式，而是接納更寧靜的場所和更親密的體驗作為社交的一種方式。「敏感之道」也讓所有人尊重自己的極限，把自己的精神和情緒健康放在首位。它創造了一種文化，需要留在家裡放鬆而拒絕邀請，或者提前離開活動，都是可以接受的，不會有任何煩人的問題。當有人說出「我需要一些休息時間」或「我需要一些時間思考」這樣的話時，「敏感之道」消除了任何可能感受到的惡意或判斷。

想像一下，透過「敏感之道」，我們當前的政治制度將發生怎樣的變革。與其對著「另一方」大喊大叫，相互辱罵，妖魔化那些與我們不同想法的人，我們可以進行更多充滿同理心的討論。在一個對他人的需求和情感保持敏感的世界裡，我們可以用開放的心態而非封閉的心靈來對待政治問題。我們會更願意將彼此視為同類而非對手。最喧鬧、最令人憤慨的候選人將不再主導新聞。

在這個喧囂、迅疾、刺激過多的世界中，我們必須向敏感族群學習，因為他們有經驗可以傳授給我們。他們讓我們看到放慢腳步的價值、深度交流的價值、在我們平凡生活中創造意義的價值。不光是這樣，敏感族群也是我們這個世界所需要的、富有同情心的領袖。他們是最有能力幫助解決社會一些重大問題的人。

小說家柯特・馮內果曾經說過，這個世界需要敏感的藝術家，因為他們是人類的金絲雀——金絲雀在充滿毒氣的礦坑中，牠們早在「更健壯的生物意識到有危險存在之前」就倒下了。我們希望用不同的眼光看待敏感族群。畢竟，金絲雀生活在籠子裡，牠們傳遞訊息的方式就是犧牲自己。敏感族群已經受夠了，是時候打破囚禁敏感族群太久的牢籠。我們不能將敏感視為弱點，要看到它真正的價值，是一種優勢。我們需要擁抱敏感和其所能帶來的一切。

致謝

感謝我們的經紀人Todd Shuster，他真的是作家引頸企求的最睿智、最有力的盟友：謝謝你相信我們的書。感謝Georgia Frances King，Todd出色的共同經紀人，以及Aevitas圖書代理的整個團隊：謝謝你們，帶領我們度過了一些難關，並始終對我們充滿信心。

致Marnie Cochran：沒有哪位作家能找得到比你更好的編輯了。你接受無數個的想法、情節轉折和改寫，始終相信我們的書最終會因此變得更好。一次又一次，你的洞察力（和耐心）改進了我們的作品。謝謝你。

致Diana Baroni：我們只交談過一次，但正是你的話讓我們確信Harmony出版社是我們的歸屬。你打從一開始就理解我們對本書的理念。

致Harmony圖書出版的整個團隊：我們永遠不會知道你們花了多少時間使這本書變得

完美。感謝大家。

致**Lydia Yadi**和企鵝蘭登書屋（英國）團隊：感謝你們通力合作，讓本書在國際讀者面前大放異彩。

致**Rachel Livsey**和**Jeff Leeson**：在這本書還是畫板上的一個想法時，你們就看到了它的潛力。感謝你們的指導與指教。

致被譽為「高敏感族群教母」的伊蓮・艾倫，實至名歸：如果沒有妳多年來的研究、理念和奮鬥，這本書根本不會存在。

致**Michael Pluess**：感謝你抽出這麼多的時間與我們交流，總是願意回答我們提出的一個又一個問題，並分享你的研究與見解。也感謝你所做的工作，以及你致力於向世界展示敏感性的積極面。

致Cal Newport、Paul Gilbert、Ron Siegel、Larissa Geleris、Tomlin Perkins Coggeshall、Linda Silverman、Sharon Martin、Julie Bjelland、Brian Johnston、Alicia Davies、Brooke Nielsen、Rachel Horne、Bret Devereaux、Dimitri van der Linden、Suzanne Ouellette、Conrado Silva Miranda、Anindita Balslev，以及所有跟我們分享專業和見解的人：我們無法將你們的意見一一付梓，但你們所有人都以大大小小的方式塑造和改進了這本書。感謝你們與我們分

享時間和智慧。

致BT Newberg：沒有哪位作者能擁有比你更好的研究助理。你的深入研究能力（有時是提出反駁）幫助我們朝著新的、令人興奮的方向發展。

致Lauren Valko，我們信賴的寫作助理：感謝你在如此短的時間內幫助我們列出大綱和解決許多問題。

致Christine Utz：感謝你成為我們的第二雙眼睛，幫助我們釐清混亂的思緒。

致我們寫作小組的Elizabeth、Paul和John：哇，你們讀了我們多少篇文章了？你們想過這本書會有完成的一天嗎？謝謝你們，不僅感謝你們的回饋和建議，還感謝你們給予我們大量的時間和鼓勵。

致我們在「敏感族避風港」和「Introvert, Dear」的團隊：感謝你們在我們為了專注寫書而經常缺席的時候，仍然保持事務順利運作。你們太棒了。

致「敏感族避風港」Facebook社團成員：感謝你們願意與我們分享個人想法和經歷，這些都收錄在本書「聽聽他們怎麼說」裡面。我們相信你們的話將成為其他敏感族群的指引之光。我們唯一的遺憾是無法在書中收錄更多你們的回應。

致Amy、Agata、Mathew、Trent、Nancy、Paul和Elizabeth，他們是我們的試讀版讀者，

提供了許多有益的見解和建議。

致Dawn：感謝你創造了一個讓作家、編輯和出版商真正認識彼此的空間。還有David：感謝你在這個空間裡發現了兩個敏感又社交尷尬的人，並決定把我們當成你的朋友。沒有你們，這本書就不會誕生。

致Daryl：感謝你在壓力大時以冷靜和關懷的語調給予支持。

致Apollo，在我們撰寫本書的過程中，他在一個下雪天誕生了：你不斷打亂我們完成這本書的努力，但這些中斷是值得的。我們愛你，兒子。

致珍妮的父母，Marge和Steve Granneman，他們在我們睡眠不足、需要不間斷寫作時，照顧寶寶Apollo：謝謝你們。

珍妮想要說……

致我的媽媽：感謝妳總是鼓勵我的敏感性，並在我還不會握筆的時候寫下我的搞笑事蹟。

致我的爸爸：感謝你鼓勵我對科學的興趣，為我的寫作生涯奠定了基礎。一切都始於你下班後帶回家的那些培養皿，然後從附近的貓狗嘴裡取樣。

致我的朋友Amber、Amy、Bethany和Dawn：感謝你們聽我發洩情緒，支持我撐過完成這本書的最困難時刻。現在，來去喝一杯吧！

再次感謝伊蓮・艾倫：多年前，讀完妳的書《高敏感族自在心法》（The Highly Sensitive Person）後，我哭了，因為我終於更了解自己。妳的著作改變了我的生活，讓我開始接受自己的敏感性。感謝妳為敏感族群貢獻的一切。

致所有在我年輕時鼓勵我寫作的老師和大人：感謝你們相信這個小女孩的夢想。

致我的貓Mattie和Colmes，他們在我寫這本書的時候離開人間：你們在一週內相繼去世，證實了我一直以來的想法：你們注定要在一起。我想念你們。

致所有在這本書的準備過程中與我分享他們故事的敏感族群（而且經常是非常私人敏感的話題）：感謝你們願意敞開心扉，讓我窺見你們的生活。我期待有一天，我們敏感族群不再需要低聲細語談論這些話題。

安德烈想要說……

感謝父母也許很老套，但你們確實值得這樣的感謝。爸，你曾經用技師和詩人來形容我們的關係。爸，你對這位詩人付出了很多。你可能不記得了，但當你得知我想成為作家時，你為我買了一本亮藍色封面的書，書名是《如果你想要寫作》（*If You Want to Write*），作者是布蘭達・厄蘭（Brenda Ueland）。那本書是我從未見過的，觸動了我所有的靈感。我在上面寫滿了筆記，重新構建了我的思維，一直都沒忘記。爸，謝謝你。

媽，你教我愛上書籍，我很確定最初是妳在我心中種下了寫作的種子。我小的時候，妳有個規定，只要我是在看書，超過睡覺時間也無所謂。媽，這規定真是太好了。謝謝妳把學位和耐心都用來閱讀十二歲小孩所寫的最蹩腳、尷尬、難堪的小說。

Frederick Dobke，無論你在哪裡，你都不只是個老師。你鼓勵我，同時也激發我鬥志。如果不是你，我不確定自己會不會認真對待寫作。你是對的，我確實喜歡賽門與葛芬柯（Simon & Garfunkel）。

致在我十四歲時寄給我第一封（也是最友善的）退稿信的編輯：謝謝你。現在我明白策畫編輯的行程有多繁忙，你願意花時間寫的這封信，我永遠不會遺忘。

致我的妹妹Zangmo（Juju）：妳是哥哥所希望得到的最好朋友。爸媽怎麼會生出我們兩個呢？

致Saumya和Urban：Urban，你是一塊磐石。謝謝你，兄弟。Saumya，妳是磐石的反義詞，讓我飛翔。我愛你們。

Brandon，感謝你無條件的友誼、愛和包容。謝謝你聽我發牢騷。謝謝你的「週一筆記」和其他更多事情。謝謝你做自己。

感謝那些相信我、激勵我的人：Ben、Cole、Beth、Ken、Manda、Arianna、「美好的」Andrea、Amber以及在紐奧良的老橡樹街寫作小組、Liz、Cintain、Kevin（我們會完成那個樹屋，對吧？）、Blake（願你安息）、Damien（願你在果醬中安息）、所有關注我以前部落格的人、Burrant夫人、Lenart女士、Hallenbeck夫人、John Longeway、Aaron Snyder、John Boatman、Matt Langdon、Ari Kohen、還有那些在旅途上關心我的善良陌生人們，以及所有我記不住但仍推了我一把的大家。（Jessica，我猜你是對的：我終究會成功。）

對於那些根本不認為自己是敏感人士，在我解釋自己撰寫的內容時，你們停下來思考，問了一個又一個問題，或者默不吭聲像吃牛排一樣細細品味，然後開始看到自己的另一面的人（有些人甚至願意坦誠面對）：我是過來人。你們都很好。只要忠於敏感的自己（無論是秘密或公開的）。

還有，獻給神聖的存在，不管那是什麼：我看見祢。我看見祢的作為。謝謝。

致我們的讀者

最後，我們兩位都想對「敏感族避風港」和「Introvert, Dear」的讀者和粉絲表達感謝。沒有你們，這本書就不會成為現在的樣子。許多人多年來一直閱讀我們的作品，你們的支持和熱情讓我們感激不盡。謝謝大家，這些安靜而敏感的靈魂。

敏感性速查表

- **敏感性**指的是你對世界的感知和反應有多深，包括你的身體和情緒環境。你的大腦處理訊息越深入，你就越敏感。敏感更準確的說法應該是反應靈敏。
- **敏感性是人類基本特質。**每個人在某種程度上都是敏感的，有些人比較敏感。約有百分之三十的人是高度敏感。
- **敏感性既是基因遺傳，也是由你的經歷所形成。**如果你很敏感，你可能天生如此。早年的某些經歷，無論是備受支持還是遭受忽視，都可能進一步增加你的敏感性。
- **如果你很敏感，那麼敏感就是你個性的一部分。**敏感族群不能停止敏感，也不應該停止。社會反而應該意識到，敏感性帶來了許多天賦才能，如創造力、深入思考、同理心和注重細節。這些特質在科學、商業、藝術、學術、領導以及任何需要敏銳、心思縝密的生活領域裡都是優勢。

- **敏感族群對於周遭人事物都很敏感。**他們會注意到微妙的感覺、微小的細節以及別人忽略的變化或變動。由於他們察覺得到更多的社交和情緒線索，所以很善解人意，即使對陌生人也有強烈的同理心。
- **敏感性有個代價：過度刺激。**敏感族群往往在混亂、嘈雜或繁忙的環境中掙扎，尤其是在有壓力要求他們加速完成更多事情的時候。由於敏感的大腦會深度處理所有訊息，繁忙的環境或行程安排會使大腦超載。
- **儘管社會對敏感性有些誤解，但它是健康的人格特質。**敏感性不是病，不需要診斷或治療，也與內向、自閉症、感覺處理障礙和創傷無關。
- **敏感族群有個優勢——敏感的提升效果。**因為敏感族群容易受到任何經歷的影響，他們從支持、培訓和鼓勵中得到的益處，遠多於不太敏感的人。該情況解鎖了一種提升效果，如果給予適當的條件，有助於敏感族群卓越超群，實現更多成就。

延伸閱讀與資源

Elaine Aron's *The Highly Sensitive Person: How to Thrive When the World Over- whelms You* (New York: Carol Publishing Group, 1996)

Tom Falkenstein's *The Highly Sensitive Man: Finding Strength in Sensitivity* (New York: Citadel Press/Kensington Publishing, 2019)

Sharon Martin's *The Better Boundaries Workbook: A CBT-Based Program to Help You Set Limits, Express Your Needs, and Create Healthy Relationships* (Oakland, CA: New Harbinger Publications, 2021)

Our website, Sensitive Refuge, sensitiverefuge.com

Maureen Gaspari's blog, thehighlysensitivechild.com, which offers advice for parenting sensitive children and includes many free resources and printable check- lists and worksheets

Michael Pluess's website, sensitivityresearch.com, which is dedicated to bringing academic information about sensitivity to the public

Therapist Julie Bjelland's website, juliebjelland.com, which offers many resources to help sensitive people thrive in life; includes a free blog and podcast as well as paid courses

April Snow's *Find Your Strength: A Workbook for the Highly Sensitive Person* (New York: Wellfleet Press, 2022)

Brian R. Johnston's *It's Okay to Fail: A Story for Highly Sensitive Children,* self- published, 2018

Bill Eddy's *It's All Your Fault! 12 Tips for Managing People Who Blame Others for Everything* (High Conflict Institute Press, 2008) and other resources from the High Conflict Institute, highconflictinstitute.com

Shahida Arabi's *The Highly Sensitive Person's Guide to Dealing with Toxic People: How to Reclaim Your Power from Narcissists and Other Manipulators* (California: New Harbinger Publications, 2020)

Human Improvement Project's Happy Child app, humanimprovement.org/the-happy-child-app, which is not specifically about sensitive people but offers science-backed advice to help any parent create close, healthy bonds with their children

The Healthy Minds Program app, a free meditation and mindfulness app from neuroscientist Richard Davidson's nonprofit organization, Healthy Minds Innovation, hminnovations.org

Daniel J. Siegel and Tina Payne Bryson's *The Whole-Brain Child: 12 Revolutionary Strategies to Nurture Your Child's Developing Mind* (New York: Bantam, 2012), which offers great tips to help parents teach their children emotional regulation

亞當斯密 34

高敏力

你對事物的敏感，正是與生俱來的超能力

SENSITIVE: THE HIDDEN POWER of the HIGHLY SENSITIVE PERSON in a LOUD, FAST, TOO-MUCH WORLD

作者　珍妮・格蘭尼曼（Jenn Granneman）、安德烈・蘇洛（Andre Sólo）
譯者　陳珮榆

堡壘文化有限公司
總編輯　簡欣彥
副總編輯　簡伯儒
責任編輯　簡伯儒
行銷企劃　曾羽彤、游佳霓、黃怡婷
封面設計　萬勝安
內頁構成　李秀菊

出版　堡壘文化有限公司
發行　遠足文化事業股份有限公司（讀書共和國出版集團）
地址　231新北市新店區民權路108-3號8樓
電話　02-22181417　傳真　02-22188057
Email　service@bookrep.com.tw
郵撥帳號　19504465 遠足文化事業股份有限公司
客服專線　0800-221-029
網址　http://www.bookrep.com.tw
法律顧問　華洋法律事務所　蘇文生律師
印製　韋懋實業有限公司
初版1刷　2024年5月
定價　新臺幣480元
ISBN　978-626-7375-83-9

國家圖書館出版品預行編目（CIP）資料

高敏力：你對事物的敏感，正是與生俱來的超能力／珍妮・格蘭尼曼（Jenn Granneman）、安德烈・蘇洛（Andre Sólo）著；陳珮榆譯. -- 初版. -- 新北市：堡壘文化有限公司出版：遠足文化事業股份有限公司發行, 2024.05

面；　公分. --（亞當斯密；34）

譯自：Sensitive : the hidden power of the highly sensitive person in a loud, fast, too-much world

ISBN 978-626-7375-83-9（平裝）

1.CST: 神經質性格　2.CST: 人格特質

173.73　　113004987